テーリー・ガーター

尼僧たちのいのちの讃歌

植木雅俊

角川選書
588

Therī-gāthā

Immortal Poems of Early Buddhist Nuns

はしがき

筆者が仏教の男女平等思想に関心を持つようになったのは、一九七六年のことであった。その年から一九八五年までが「国連婦人の十年」に当たり、女子差別撤廃条約の批准《ひじゅん》や、男女雇用機会均等法が国会で審議されるのに伴い、女性団体の方たちが男女平等について活発に議論するようになったことがきっかけであった。こうした動きの中で、労働・年金・文学・宗教などの各分野における女性差別の実態が検証され始めた。それを見ていて、このままいったら、いつか仏教もやり玉に挙げられる日が来るだろうと思った。そして、仏教の女性観について調べ始め、気づいたことを書きためては、新聞、雑誌等に掲載させていただいた。

一九九〇年代に入ると、案《あん》の定《じょう》、堰《せき》を切ったように「仏教は女性差別の宗教である」とする内容の論文や著書が多数出版された。その批判の主な内容は、次の三つであった。

第一に、女性は、梵天《ぼんてん》、帝釈天《たいしゃくてん》、魔王、転輪聖王《てんりんじょうおう》、仏陀《ぶつだ》——の五つになれないとする

「五障《ごしょう》」説は、女性を男性の枠外に排除するものだ。
第二に、男女の性差は「空《くう》」であり、実体はないとする考えは、男女の性差を無視するものだ。
第三に、『法華経《ほけきょう》』などに説かれる「変成男子《へんじょうなんし》」説は、女性が男の身に変わって成仏するというのだから、女性の性を否定し男性の性への一元化を説くものだ。

第一の「五障」説は、部派（小乗）仏教によって主張されたものだが、明らかに女性差別の考えであり、『法華経』においても批判されている。第二、第三については、「そうかなあ？」と首をかしげた。一口に仏教と言っても、インド仏教、セイロン仏教、中国仏教、朝鮮仏教、チベット仏教、日本仏教などがあり、それぞれに微妙な違いがある。インド仏教だけを見ても、原始仏教、部派（小乗）仏教、大乗仏教、密教があり、日本仏教でも南《なん》都《と》六宗、八宗、十宗がある。それぞれの女性観には水と油ほどの違いもある。それを「仏教は……」と十把《じっぱ》一《ひと》からげに論ずるのは、議論が雑すぎるのではないかと思った。

次に、漢訳仏典の翻訳の問題もある。「仏教は女性を差別している」と論じている方々が資料としているのは漢訳仏典と、日本語で書かれたものであった。サンスクリット語やパーリ語の原典ではなかった。この点が問題である。中国は家父長制的な男女差別の著しい儒教《じゅきょう》倫理の社会だから、翻訳をすり替えたところもある。例えば、サンスクリット語にマーター・ピタラウ（mātā-pitarau）という複合語があるが、マーター（母）を先に言って、ピタラウ（父）は後に置かれる。ところが、これは語順を入れかえて、「父母」と漢訳された（詳細は、拙著『仏教、本当の教え――インド、中国、日本の理解と誤解』七四頁参照）。

そうは言っても、父と母の順番ぐらい大した問題ではないと言われる方があるかもしれない。ところが、『シンガーラへの教え』というパーリ語の原始仏典の訳し方は致命的である。

その仏典の中に、夫の妻に対する在り方が説かれていて、パーリ語では、「夫は妻に五つのことで奉仕しなければならない」とある。その五つとは、①尊敬する、②軽蔑しない、③自立（主権）を認める、④宝飾品を施与する、⑤道にはずれたことをしない――といったことが含まれている。これは、女性の皆さんには朗報ではないか。インドにおいて宝石類は、装飾が主目的ではない。財産である。大陸が続いているから、いつ何時《なんどき》、異民族が侵略してくるか分からない。日本でも政治体制が変わって、紙幣が紙切れ同然になったことがあるが、どんな王朝のもとであれ、財産として通用するのは宝石類であった。その意味では、世界で初めて女性の自立と財産権を認めたのは釈尊《しゃくそん》ではないかと筆者は考えている。

ところが、それが『六方礼経《ろっぽうらいきょう》』として漢訳されると、奉仕するのは妻の側に限定され

「婦《つま》が夫に事《つか》うるに五事あり」（『大正新脩大蔵経』巻一、二五一頁中）とされた。儒教倫理の国では、夫が妻に仕えることなどもってのほかだったのであろう。

その漢訳段階で改変されたものを見て、「それ見ろ！　仏教は男性中心で女性を軽視している」「仏教は女性差別の宗教だ」と一般論化して批判することは、大きな間違いである。それは、仏教の女性差別ではなく、翻訳をした中国の儒教の女性観の問題だということになる。以上のことを考えた結果、漢訳の仏典や、日本語で書かれた二次的、三次的な資料ではなく、サンスクリット語やパーリ語の原典から検証することの必要性を痛感した。

そんなことを考えていた一九九六年六月に、東京大学名誉教授の中村元《はじめ》先生（一九一二〜一九九九）から、「博士号を取りなさい」と言われた。青天の霹靂《へきれき》で驚いたが、論文を書くとしたら、テーマを仏教の男女平等思想にすることに即決した。

こうして、博士論文「仏教におけるジェンダー平等の研究――『法華経』に至るインド仏教からの考察」をまとめ、二〇〇一年にお茶の水女子大学に提出した。二〇〇二年に同大学で男性初の人文科学博士の学位を取得した（博乙第一七九号）。学位授与式では、本田和子《ますこ》学長（当時）から「よくぞ、男性で我が大学に論文を出してくださいました。しかもジェンダー論で」と感謝された。その論文は、二〇〇四年に『仏教のなかの男女観――原始仏教から法華経に至るジェンダー平等の思想』として岩波書店から出版された。

論文を書くに当たって、インドの原典が存在するものは、自分で翻訳して引用することを自らに課したことで、『法華経』もサンスクリット原典（ケルン・南条本）から自分で訳した。それが発展して、『梵漢和《ぼんかんわ》対照・現代語訳　法華経』上下巻（岩波書店、二〇〇八年）を出版することとなり、さらには論文審査中に「サンスクリット写本を発見」と報じられた『維摩《ゆいま》経《きょう》』の影印版《えいいんばん》を入手して、『梵漢和対照・現代語訳　維摩経』（岩波書店、二〇一一年）も出版した。それぞれ、毎日出版文化賞と、パピルス賞を受賞した。

毎日出版文化賞は、中村元先生が『佛教語大辞典』で受賞されていたのと同じ賞であり、パピルス賞は、王子製紙の関係者の財団が「大学や研究所などのアカデミズムの外にあって達成された学問的業績におくる賞」だと聞いて、偏狭なアカデミズムを最も嫌っておられた中村先生が一番喜んでくださる賞だと嬉しかった。

仏教の男女平等思想を検討するために、このように、『法華経』などインドの原典をもとにすることになったが、その中で最も重視した仏典が、『テーリー・ガーター』であった。論文執筆に必要な個所の前後を自分で現代語訳していたが、このたび角川選書で本書を出すということになり、筆者に執筆依頼があった。学位論文を執筆するために現代語訳していたものにさらに加筆して、長文の解説を添えた。

『テーリー・ガーター』には、夫や子どもに先立たれた孤独な女性、虐《しいた》げられてかわいそうな女性たちが、自らの半生を赤裸《せきら》々《ら》につづっている。そして、ブッダと出会って、その教えを実践して、「私は、ブッダの教えをなし遂げました」「闇の塊は粉砕されました」

「私は解脱《げだつ》しました」「私は、安らいでいます」――と喜びの言葉を書き残している。女性たちの潑剌《はつらつ》とした姿が目に浮かんでくる。この『テーリー・ガーター』には、尼僧たちのいのちから迸《ほとばし》り出た喜びの言葉が満ちあふれている。従って、本書のサブタイトルを「尼僧たちのいのちの讃歌」とした。

ただ、インドの二千五百年前の詩であり、文化の違いから現代の私たちには理解し難い表現も多々あるので、先に「解説」を読んでから、『テーリー・ガーター』本文を読まれたほうが理解しやすいかと思う。

中村先生は、原始仏典の中でも権威主義化した表現を選《え》り分け、〝人間ブッダ〟の実像を明らかにされた。その上で、仏教の原点である「原始仏教に還《かえ》れ！」と言われた。日本仏教に女性差別がないとは言えない。仏教本来の男女平等思想を日本仏教が取り戻すためにも、『テーリー・ガーター』は重要な書であると言える。

本書の出版に当たり、筆者を執筆者に選んでくださった角川選書編集長の立木成芳氏と、編集者の泉実紀子さんには、大変にお世話になった。ご厚意に深く感謝する。

二〇一七年二月二十四日　　三回忌を迎えた母、植木ミズカを偲《しの》びつつ

植木雅俊

凡例

一、パーリ語のテキストでは、各章の名前は章末に置かれているが、日本語としてはなじまないので、各章の冒頭にも掲げた。

一、わが国では、和歌などの詞書は、和歌の前に置かれるが、インドでは、詩の末尾に置かれる。これもわが国ではなじまないので、詩の冒頭に移した。

一、大正蔵：『大正新脩大蔵経』の略。

一、√：動詞の語根（root）であることを示す。

一、PTS：Pali Text Society の略。パーリ聖典協会のこと。

一、<：語の変化・由来・派生などを示す。例えば、māhu（< mā + āhu）は、mā と āhu の二語が結合して māhu となっていることを示す。

一、〔 〕：筆者による言葉の補いであることを示す。

一、（ ）：言葉の言い換えであることを示す。

目次

中村元先生と洛子夫人、
ケネス・K・イナダ先生とマサコ夫人、
そして三枝充悳先生と妻の植木眞紀子に捧ぐ

第一章　一人ひとりの尼僧〔に対する一つの偈《げ》[1]からなる詩の章〕

世尊であり、尊敬されるべき人で、その正しく完全に覚られた方に敬礼いたします。

名前の知られない、ある長老の尼僧がまさに次のように詩を口ずさみました。

若い女性修行者よ、〔あなたは、自分で〕布片によって〔衣を〕作って身にまとっています。安らかに眠るがよい。あなたの情欲は実に静まっています。釜《かま》の中の干涸《ひか》らびた野菜のように。（一）

続いて同様に、世尊は、次の詩をもってまだ出家を許されていない見習いの尼僧ムッターに教えさとされました。

ムッター〔尼《に》〕よ、〔月食を引き起こす〕ラーフに捕らえられた月〔が束縛から逃れる〕ように、もろもろの束縛から逃れなさい。〔「解脱《げだつ》している」[2]という意味のあなたの名前の通りに、〕解脱した心で、負債なく、〔托鉢《たくはつ》で得た〕食べ物を受用するがよ

い。（二）

〔尊師は、〕プンナー尼〔に教えさとされました〕。

プンナー〔尼〕よ、〔「満たされている」[3]という意味のあなたの名前の通りに、〕あなたは十五夜の月のように、もろもろの徳によって満ちなさい。智慧《ちえ》を完成して闇の塊を打ち破りなさい。（三）

〔尊師は、〕ティッサー尼〔に教えさとされました〕。

ティッサー〔尼〕よ、〔煩悩《ぼんのう》の〕束縛があなたのそばを通り過ぎないように、〔戒《かい》・定《じょう》・慧《え》の三《さん》〕学《がく》[4]を学びなさい。すべての束縛を離れて、煩悩もなく、この世において過ごしなさい。（四）

〔尊師は、〕もう一人の別のティッサー尼〔に教えさとされました〕。

ティッサー〔尼〕よ、もろもろの徳によって専念しなさい。瞬時も〔時が空《むな》しく〕あなたを過ぎ去ることがないように。実に時を〔空しく〕過ぎ去らせた人たちは、地獄に引き渡されて苦悩します。（五）

〔尊師は、〕ディーラー尼〔に教えさとされました〕。

ディーラー〔尼〕よ、想いを静止することである楽しい滅尽を体得しなさい。この上ない完全な安穏である安らぎ（涅槃《ねはん》）[5]に到《いた》りなさい。（六）

〔尊師は、〕もう一人の別のディーラー尼〔に教えさとされました〕。

ディーラー比丘尼《びくに》は、〔「堅固《けんご》である」[6]という意味のあなたの名前の通りに、〕堅固な徳によって、もろもろの感覚器官の働きを修した。軍勢を伴った魔に勝利して最後の身体[7]をたもちなさい。（七）

〔尊師は、〕ミッター尼〔に教えさとされました〕。

ミッター〔尼〕よ、信仰[8]によって出家したからには、〔「友だち」[9]という意味のあなたの名前の通りに、〕友との交わりを楽しんでいなさい。完全な安穏を獲得するために、もろもろの善い行ないを修しなさい。（八）

〔尊師は、〕バドラー尼〔に教えさとされました〕。

バドラー〔尼〕よ、信仰によって出家したからには、〔「吉祥《きっしょう》である」[10]という意味のあなたの名前の通りに、〕吉祥なることを楽しんでいなさい。この上ない完全な安穏、

もろもろの善い行ないを修しなさい。　（九）

〔尊師は、〕ウパサマー尼〔に教えさとされました〕。

ウパサマー〔尼〕よ、極めて渡り難い激流である死神の領域を越えなさい。〔「寂静《じゃくじょう》」[11]という意味のあなたの名前の通りに、〕軍勢を伴った魔に勝利して最後の身体をたもちなさい。　（一〇）

〔尊師は、〕ムッター尼〔に教えさとされました〕。

素晴らしいことです。三つの曲がったものから解放されて、〔善良なるムッター尼は〔その名の通り[12]〕完全に解放されました[13]。臼《うす》と杵《きね》と、心のひねくれた夫から解放されたことで、〔ムッター尼は〕生と死〔を繰り返す輪廻《りんね》〕から解放されて、〔迷いの〕生存へと導くものは根絶されました。　（一一）

〔尊師は、〕ダンマディンナー尼〔に教えさとされました〕。

あなたは、意欲を生じて、坐《ざ》していて、心によって満たされているべきです。もろもろの欲望に対して執着心を持たない人は、〝上流にいるもの〟と呼ばれるのです。　（一二）

〔尊師は、〕ヴィサーカー尼〔に教えさとされました〕。

ブッダの教えを実践するがよい。それをなした後には、後悔することがありません。すぐに両足を洗ってから、一隅に坐りなさい。
（一三）

〔尊師は、〕スマナー尼〔に教えさとされました〕。

〔主体（六根《ろっこん》[14]）と客体（六境《ろっきょう》[15]）、そしてそれを認識する働き（六識《ろくしき》[16]）の十八の〕構成要素（十八界《じゅうはちかい》[17]）は、苦しみからなるものであると見て、再び〔迷いの生存への〕誕生に趣《おもむ》くことなかれ。欲望を離れて後に、あなたは心が静まったものとなり、〔悠々と〕歩みゆくでしょう。
（一四）

ウッタラー尼〔の詩〕
身体や、言葉、あるいは心――〔すなわち、身《しん》・口《く》・意《い》の三業《さんごう》[18]〕にわたって、私は〔自らを〕防護しています。妄執《もうしゅう》をことごとく根絶して、清涼となり、安らいでいます。
（一五）

〔尊師は、〕晩年に出家したスマナー尼〔に教えさとされました〕。

老いたる尼《あま》よ、あなたは布片で〔衣を〕作って身に着け、安楽に横になりなさい。あ

なたの情欲は実に静まっていて、あなたは清涼となり、安らぎ（涅槃）を得ています。（一六）

ダンマー尼〔の詩〕

体力の衰えた〔私は、〕杖に寄りかかって托鉢《たくはつ》に出かけ、嫉妬《しっと》に狂った怒りに五体が貫かれて、私は、その場で地面に倒れました。その時、身体に過失があることを見て、私の心が解脱しました。（一七）

〔尊師は、〕サンガー尼〔に教えさとされました〕

〔サンガー尼は、〕家を捨てて出家し、子どもや家畜、愛するものを捨て、貪欲・憎悪・無明《むみょう》〔いわゆる貪《とん》・瞋《じん》・癡《ち》の三毒《さんどく》[19]〕を捨て、妄執をことごとく根絶して、実に心が静まったものとなり、安らいでいます。（一八）

〔以上で〕「一人ひとりの尼僧〔に対する一つの偈からなる詩の章〕」を終わります。

第二章　二つの偈からなる詩の章

世尊はしばしば、次の詩によって、まだ出家を許されていない見習いのナンダー尼に教えさとされました。

ナンダー〔尼〕よ、病におかされ、不浄で、腐敗した身体を見なさい。不浄なるもの〔身体〕に対して、心をよく一点に集中することを修しなさい。　（一九）

〔すべての執着を離れた〕無相[1]の境地を修めるがよい。〔心に〕潜在している慢心を捨てるがよい。それによって、あなたは〔慢心について領解し、〕慢心を止滅させたものとなり、心が静まったものとなり、〔悠々と〕歩みゆくでしょう。　（二〇）

ジェンティー尼〔の詩〕

覚りを得るのに有用なこれらの七項目（七覚支《しちかくし》[2]）は、安らぎ（涅槃《ねはん》）に到らせる道ですが、私はそれらのすべてをブッダが示された通りに実修しました。[3]　（二一）

私は、その世尊にお会いしました。これは、〔私の〕最後の身体です。〔私にとって、〕

もはや生まれを繰り返して迷いの世界をめぐること〔輪廻《りんね》〕[4]は尽きています。再び〔迷いの世界に〕生まれてくることはありません。（二二）

名前の知られない、ある長老の尼僧〔の詩〕

完全に〔束縛から〕解放された人よ。素晴らしいことです。私は、杵《きね》〔で搗《つ》くつらい仕事〕から解放され、完全に〔束縛から〕解放されています。私には恥知らず〔の夫〕がいました。私にとって、日傘、あるいはまた鍋《なべ》も困窮した状態でありました。（二三）

私は情欲と憎悪とを断ちながら住しています。その〔私〕は木の根もとに近づいて、「ああ、楽しい！」と言って、楽しいから瞑想《めいそう》しています。（二四）

アッダカーシー尼〔の詩〕

〔遊女である〕私の収入は、〔ベナレスを首都とする〕カーシー国の税収と同じほどありました。町〔の人々〕は、それを〔私の〕価値とみなして、価値の点では、私を価値のつけられない〔高額な〕ものと定めました。（二五）

その時、私は〔自分の〕容姿を嫌悪しました。そして、私は〔容姿に対する欲望を〕嫌悪しつつ離れました。生まれを繰り返して迷いの世界をめぐることを再三再四にわたって繰り返すことがもはやありませんように。三種の明知《みようち》[5]を覚りました。〔私は〕ブッダの教えをなし遂げました。（二六）

チッター尼〔の詩〕

どんなに私が痩《や》せて、病んで、甚だしく衰弱していても、〔私は〕杖に寄りすがって山に登って行きます。（二七）

〔普段に着る〕大衣《だいえ》を置き、〔食べ物を盛る〕鉢を伏せ、闇の塊を打ち破って、岩に〔つかまって〕自分を支えました。（二八）

メッティカー尼〔の詩〕

どんなに〔私が〕苦しみ、衰弱し、青年期を過ぎて〔若さを失って〕いても、〔私は〕杖に寄りすがって山に登って行きます。（二九）

〔普段に着る〕大衣を置き、〔食べ物を盛る〕鉢を伏せて、〔私は〕岩の上に坐りました。その時、私の心が解脱《げだつ》しました。〔私は〕三種の明知を得たのです。〔私は〕ブッダの教えをなし遂げました。（三〇）

ミッター尼〔の詩〕

私は、半月《はんつき》のうちの第十四日、第十五日、第八日であるところの半月の特別の日に、八つの戒（八斎戒《はっさいかい》）[6]を守るウポーサタ（斎日《さいじつ》）[7]の儀式に参加しました。〔そのころは、〕神々の身体を〔得ることを〕大いに喜んでいたのです。（三一）

その〔私〕は、今は〔一日に〕一食で、頭を剃髪《ていはつ》し、大衣を身に着け、神々の身体を望むことはなく、私は心の中の恐れを打ち破っています。（三二）

アバヤマーター尼〔の詩〕

〔私の子どもが言いました。〕「母よ。足の裏から上に〔至るまで〕、髪の毛や頭から下に〔至るまで〕、この身体は不浄であり、腐った臭いのするものだと観察してください」（三三）

〔私は、子どもに答えて言いました。〕「私は、このように住しているので、愛欲はすべて根絶されています。熱悩は断絶されました。〔私は〕清涼となり、安らぎに達しています」（三四）

長老アバヤー尼〔の詩〕

〔私は自分に向かって語りかけました。〕「アバヤーよ。普通の人々が〔執着して〕いるところの〔この〕身体は壊れやすいものである。〔私は〕意識をしっかりとたもち、

気を付けていて、この身体を捨てるでありましょう。（三五）
苦しみを生み出すものごとが多いので、〔放逸《ほういつ》であることなく〕努力精進《しょうじん》を楽しむことによって、私は妄執《もうしゅう》を滅尽することに達しました。〔私は〕ブッダの教えをなし遂げました」（三六）

サーマー尼〔の詩〕

四度も、五度も私は精舎《しょうじゃ》を逃げ出しました。心の静まりを得ることなくして、心に自在さがなかったからです。（三七）
その私は、第八夜にして私の妄執を根絶いたしました。苦しみを生み出すものごとが多いので、〔放逸であることなく〕努力精進を楽しむことによって、私は妄執を滅尽することに達しました。〔私は〕ブッダの教えをなし遂げました。（三八）

〔以上で〕「二つの偈からなる詩の章」〔を終わります〕。

第三章　三つの偈からなる詩の章

もう一人の別のサーマー尼〔の詩〕

私が出家をしてから二十五年もの間、心の平静を得たという思いを自覚したことはいかなる時にもありません。（三九）

心の静まりを得ることもなく、心には自在さもありませんでした。それ故に、私は勝利者〔であるブッダ〕の教えを思い出して、恐れおののく思いにとらわれました。（四〇）

苦しみを生み出すものごとが多いので、〔放逸であることなく〕努力精進《しょうじん》を楽しむことによって、私は、妄執を滅尽することに達しました。〔私は〕ブッダの教えをなし遂げました。今日《きょう》は、私が妄執を干涸《ひか》らびさせてから七日目の夜になります。（四一）

ウッタマー尼〔の詩〕

四度も、五度も私は精舎《しょうじゃ》から逃げ出しました。心の静まりを得ることもなく、心には

自在さもなかったからです。（四二）

私は、〔自分にとって〕信頼に値する人であったその尼僧のもとにまいりました。その方は、私のために〔身心を構成する五つの〕要素・〔六つの感覚器官とそれぞれの対象である知覚を成立させる十二の〕領域・〔十二の領域に六つの認識作用を加えた世界を在らしめる十八の〕範疇《はんちゅう》、〔すなわち五陰《ごおん》・十二入《じゅうににゅう》・十八界《じゅうはちかい》[1]〕という法を説いてくださいました。（四三）

その〔尼僧の説かれた〕法を聞いてから、その方が私に教えてくださったように七日間、一つの牀座《しょうざ》に坐っていました。〔私は〕喜びと楽しさに包まれていました。八日目になって、闇の塊を粉砕して、私は両足を伸ばし〔牀座から立ち上がり〕ました。（四四）

もう一人の別のウッタマー尼〔の詩〕

覚りを得るのに有用なこれらの七項目（七覚支《しちかくし》）は、安らぎ（涅槃《ねはん》）に到らせる道ですが、私はそれらのすべてをブッダが示された通りに実修しました。（四五）

私は、願い求めていた空《くう》[2]〔を観ずること〕と、無相《むそう》〔を観ずること〕を獲得しました。ブッダの実の娘として〔私は、〕常に安らぎ（涅槃）を喜んでいます。（四六）

〔私は、〕天上界と人間界の愛欲のすべてを断ちました。〔私にとって、〕もはや生まれ

を繰り返して迷いの世界をめぐること〔輪廻《りんね》〕は尽きています。再び〔迷いの世界に〕生まれてくることはありません。（四七）

ダンティカー尼〔の詩〕

鷲《わし》の峰《みね》という山（霊鷲山《りょうじゅせん》[3]）において、日中の〔食後の〕休息から離れると、私は、川の岸辺で象が水に潜《もぐ》ったり、水から上がったりしているところを見ました。（四八）

〔象使いの〕男が鉤《かぎ》を手に取って、「足を出して」と要求しました。象は足を伸ばし、男は象に乗りました。（四九）

訓練されていなかった〔象〕が、訓練されて、人間の思い通りになっているのを見て、そこで、〔私の〕心が定まりました。それによって、私は林の中にまいりました。（五〇）

ウッビリー尼[4]〔の詩〕

〔ブッダが尋ねられました。〕「母よ。あなたは、林の中で『ジーヴァーが……』と言って号泣している。ウッビリーよ。汝《なんじ》自身を知りなさい。ジーヴァーという名前を持つ八万四千[5]人〔の娘〕がすべてこの墓地で荼毘《だび》[6]に付されたが、そのうちのだれのことをあなたは嘆いているのか？」（五一）

〔私はブッダに答えました。〕「あなたは、私の心臓に刺さっていた目に見えない矢を引き抜いてくださいました。悲しみに打ち負かされていた私のために、〔亡くなった〕娘の悲しみを取り除いてくださいました。（五二）

今、その私は、矢を引き抜かれていて、飢渇《けかち》（妄執）がなく、完全な安らぎを得ています。私は、尊者ブッダ（仏）と真理の教え（法）と修行者の集い（僧）〔の三宝《さんぼう》[7]〕に帰依《きえ》いたします」（五三）

スッカー尼〔の詩〕

〔樹神が言いました。〕「私が、ラージャガハ（王舎城《おうしやじよう》[8]）の人々に何をしたというのでしょうか？　彼らは蜜を飲んだかのようにじっと坐っています。私がブッダの教えをスッカーに説いたのに、近づいてくることもありません。（五四）

私は考えます。旅人が雨水を飲むように、智慧《ちえ》ある人たちは、断りがたい、美味で、栄養豊かなその〔教え〕を飲むのです。（五五）

〔あなたは、〕清らかな（sukka）徳によってスッカー（sukkā）〔という名前〕であり、渇愛《かつあい》を離れ、心を統一している。軍勢をともなった悪魔に勝利して、最後の身体をたもってください」（五六）

セーラー尼〔の詩〕

〔悪魔がささやきました。〕「この世に〔迷いからの〕離脱（出離）なんて存在しないのだ。離脱によって、あなたは何をなそうとしているのか？　あなたは、欲望と快楽を享受するがよい。後になって、『〔私は〕後悔しています』と言うことがないように」[9]（五七）

〔私は悪魔に言いました。〕「もろもろの欲望は、刀や串《くし》に譬《たと》えられ、〔色《しき》・受《じゅ》・想《そう》・行《ぎょう》・識《しき》という身心を構成する五つの〕要素（五陰《ごおん》）にとっての断頭台であります。今や、あなたが欲望と快楽と言っているもの、それは私にとっての不快なものなのです。（五八）

〔私にとって欲楽の〕喜びは、あらゆる面で打ち破られていて、闇の塊は粉砕されました。悪魔よ。このように知りなさい。破滅をもたらすものよ。あなたは、打ち破れているのです」（五九）

ソーマー尼〔の詩〕

〔悪魔が言いました。〕「到達し難くて、仙人のみによって得られるべきその境地は、二本指ほどの〔わずかな〕智慧しか持たない女が獲得することはできないのだ」（六〇）

〔私は悪魔に言いました。〕「心がよく集中していて、智慧が現に存在している時、正しく真理（法）を観察している人にとって、女性であることが一体、何〔の妨げ〕となるのでしょうか。（六一）

〔私にとって欲楽の〕喜びは、あらゆる面で打ち破られていて、闇の塊は粉砕されました。悪魔よ。このように知りなさい。破滅をもたらすものよ。あなたは、打ち破られているのです」（六二）

〔以上で〕「三つの偈からなる詩の章」を終わります。

第四章　四つの偈からなる詩の章

バッダー・カピラーニー〔の詩〕

ブッダの息子で、〔ブッダの〕後継者である〔マハー・〕カッサパ（摩訶《まか》迦葉《かしょう》）[1]は、心をよく集中させていて、前世の暮らしを知った[2]人で、天上界と悪処（地獄界）を見ています。（六三）

また、尊者〔カッサパ〕は〔迷いの〕生存を滅ぼし尽くすに到っており、神通を完成しています。これらの三種の明知によって、三種の明知を具《そな》えた〔真の〕バラモンとなったのです。（六四）

まさに同じように、〔私、〕バッダー・カピラーニーも、三種の明知を具え、死魔を退けていて、軍勢を伴った悪魔に勝利して、最後の身体をたもっています。（六五）

世間に禍《わざわい》があるのを見て、〔尊者マハー・カッサパと〕私の二人は出家いたしました。かくして、私たち〔二人〕は煩悩を滅ぼしていて、〔心を〕制御して、実に清涼になり、安らぎに達したのです。（六六）

〔以上で〕「四つの偈からなる詩の章」を終わります。

第五章　五つの偈からなる詩の章

名前の知られないある比丘尼《びくに》〔の詩〕

私が出家してから二十五年になりました。〔それなのに〕私は、指を弾《はじ》くわずかな時間でさえも心の静けさに到達したことはありませんでした[1]。　（六七）

心の静まりを得ることなくして、欲望と貪りを漏《も》らしていた私は、両腕を前に出し〔手の平で顔を覆っ〕て、泣きながら精舎《しょうじゃ》に入りました。　（六八）

その〔私〕は、〔自分にとって〕信頼に値する人であったその尼僧のもとにまいりました。その方は、私のために〔身心を構成する五つの〕要素・〔六つの感覚器官とそれぞれの対象である知覚を成立させる十二の〕領域・〔十二の領域に六つの認識作用を加えた世界を在らしめる十八の〕範疇《はんちゅう》、〔すなわち五陰《ごおん》・十二入《じゅうににゅう》・十八界《じゅうはちかい》〕という法を説いてくださいました。　（六九）

その〔尼僧の説かれた〕法を聞いてから、一隅に近づき〔坐り〕ました。〔そこで〕私は、前世の暮らしを知り〔宿命通《しゅくみょうつう》〕、あらゆるものを見通す眼《まなこ》〔天眼通《てんげんつう》〕を浄《きよ》めまし

た。（七〇）

心を熟知して、私は、〔他者の心を見通す〕智慧《ちえ》（他心通《たしんつう》）と勝《すぐ》れた耳の働き（天耳《てんに》通《つう》）を清めました。自在な力（神足通《じんそくつう》）もまた覚り、私は煩悩の滅尽（漏尽通《ろじんつう》）に達しました。〔以上の〕六つの神通力（六通《ろくつう》[2]）を覚って、私はブッダの教えをなし遂げました。（七一）

もとは遊女であったヴィマラー尼〔の詩〕

私は〔自分の〕美貌と容姿と栄光と名声に酔いしれ、若いことを鼻にかけて他の女性たちを軽蔑していました。（七二）

愚かな男たちが言い寄ってくるこの身体を美しい色に飾ってから、猟師が罠《わな》を仕掛けて〔獲物を待つ〕ように、〔私は〕遊郭《ゆうかく》の門のところに立っていました。（七三）

〔見えない所には〕隠して、〔見える所には〕これ見よがしに多くの宝飾品を見せつつ、〔心の中では〕多くの人々をあざ笑いながら、いろいろと妖艶《ようえん》な誘惑をなしました。
（七四）

その〔私〕は今、剃髪《ていはつ》し、大衣《だいえ》を身に着けて、托鉢《たくはつ》に出向いて、思考を離れた境地を獲得して木の根もとに坐っています。（七五）

〔私にとって、〕天上界と人間界のすべての束縛は、断ち切られました。すべての煩悩

〔漏《ろ》[3]〕を捨てて、私は清涼であり、安らいでいます。（七六）

シーハー尼〔の詩〕

〔私は〕かつて、正しくない思惟《しい》をしていて、欲望と貪りに悩まされ、心に浮《うわ》つきがありました。[4]心に自在さがなかったからです。（七七）

煩悩にまとわりつかれ、快楽の思いにとらわれていて、心の平静を得ていませんでした。渇愛《かつあい》の心の力に屈服させられていたのです。（七八）

痩《や》せて、顔色が青白く、病弱で、私は七年にわたって遍歴していました。昼であれ、夜であれ、大変に苦しみ、私は安楽を見出《みいだ》すことはありませんでした。（七九）

それ故に、私は縄を手に取り、林の中に入っていきました。〔このまま〕さらに行なうことは卑しいことであり、私にとってここで〔首を〕吊《つ》ることが貴いことだ〔と思いました〕。（八〇）

〔縄で首を入れる〕しっかりとした罠を作って、木の枝に縛り付け、〔その〕罠を首のところにかけました。その時、私の心が解脱《げだつ》しました。（八一）

ナンダー尼〔の詩〕

〔釈尊がおっしゃいました。〕「ナンダー〔尼〕よ、病におかされ、不浄で、腐敗した

身体を見なさい。不浄なるもの〔身体〕に対して、心をよく一点に集中することを修しなさい[5]。（八二）

この〔身体〕のようにその〔身体〕もそのようであり、その〔身体〕のようにこの〔身体〕もそのようであって、腐敗した悪臭を放っている。〔それにもかかわらず〕無知なるものたちは、〔この身体を〕大いに喜んでいる。（八三）

このように、〔私は〕この〔身体〕を昼夜に観察しながら倦《う》むことがなかった。それ故に、自分の智慧で、〔この身体を〕嫌悪してから、〔その真相を〕見たのだ」（八四）

〔私は申し上げました。〕「その私は、〔放逸であることなく〕努力精進《しょうじん》を怠らず、根源的に考察しましたので、この身体を内面的にも外面的にもあるがままに見ました。（八五）

その時、私は〔自分の〕身体を嫌悪しました。私は自己に対する執着を離れました。〔放逸であることなく〕努力精進を怠らず、束縛を断っていて、実に心が静まり、安らいでいます」（八六）

長老ナンドゥッタラー尼〔の詩〕

私は、〔かつて〕火神や、月神、太陽神、さらには〔そのほかの〕神々を崇敬していました。川辺にある〔霊場の〕水浴び場に趣いて、私は水に入りました。（八七）

私は、多くの誓戒《せいかい》を受持《じゅじ》して、頭の半分を剃髪しました。地面に臥床《ふしど》を用意し、私は、夜の食事は摂《と》りませんでした。（八八）

私は、沐浴《もくよく》をしたり、体に香水を塗ることによって、身を飾り、おめかしすることを楽しんでいて、欲望と貪りによって悩まされてこの身体を愛《いと》おしんでいました。（八九）

その後、信仰を得て、私は、出家して家のない状態になりました。〔そして、〕そのようなありのままの身体を見て、欲望と貪りを根絶しました。（九〇）

すべての〔迷いの〕生存は断ち切られました。欲求も願望も〔断ち切られました〕。私は、すべての束縛を断っていて、心の静まりを得ました。（九一）

ミッタカーリー尼〔の詩〕

信仰によって家から出家して、家のない状態になっても、私は、利養を与えられることと、尊敬されることに貪欲で、〔それを求めて〕あちらこちらへと歩き回りました。（九二）

私は、最高の目的から逸脱し、低俗な目的に従っていました。もろもろの煩悩の支配下に趣《おもむ》いて、私は修行者たること〔沙弥性《しゃみしょう》〕という目的に目覚めていませんでした。[6]（九三）

小さな僧坊に坐っている時、その私に恐れおののく思いが生じました。「私は、実に邪《よこしま》な道を歩いてきた。妄執《もうしゅう》の支配下に入っていたのだ」と。（九四）

私の寿命は短い。老いと病が〔寿命を〕縮めます。この身体が破壊される前に、勝手気ままに過ごしている時間は私にはありません。（九五）

〔身心を構成する五つの〕要素（五陰）が生じたり滅したりするのをありのままに観察しながら、〔私の〕心が解脱しました。〔そして、牀座《しょうざ》から〕立ち上がりました。〔私は〕ブッダの教えをなし遂げました。（九六）

サクラー尼〔の詩〕

私が家に住んでいた時、男性修行者の〔説く〕教え（法）を聞いて、汚れ（塵《じん》）を離れた真理の教え（法）と、安らぎ（涅槃《ねはん》）と不滅の道を見ました。（九七）

その私は、息子と娘、財産と穀物を捨てて、髪を切り去って、出家して家のない状態になりました。（九八）

私が、まだ出家を許されていない見習いの尼僧であった時、まっすぐな道を修めつつ、貪りと憎悪、それとともに存続する一つひとつの煩悩（漏《ろ》）を断ちました。（九九）

〔具足戒《ぐそくかい》を受けて正式に〕比丘尼となって、私は、前世の生まれを思い出しました。あらゆるものを見通す眼（天眼）を浄めたのです。〔それは〕汚れを離れ、申し分な

く修されました。　（一〇〇）

原因があって生じた、壊れるべきものである形成されたものを〔自己とは異なる〕他のものだと見て、私は、すべての煩悩を断ちました。私は清涼となり、安らいでいます。　（一〇一）

ソーナー尼〔の詩〕

この肉体の集積した身体から、私は十人の子どもたちを産みました。それ故に、私は衰弱し、老衰していきます。私は、一人の比丘尼に近づいていきました。　（一〇二）

その方は、私のために〔身心を構成する五つの〕要素・〔六つの感覚器官とそれぞれの対象である知覚を成立させる十二の〕領域・〔十二の領域に六つの認識作用を加えた世界を在らしめる十八の〕範疇、〔すなわち五陰《ごおん》・十二入《じゅうににゅう》・十八界《じゅうはちかい》〕という法を説いてくださいました。その〔尼僧の説かれた〕法を聞いてから、髪を切って出家しました。　（一〇三）

その私が、まだ出家を許されていない見習いの尼僧であった時、あらゆるものを見通す眼〔天眼〕を浄めました。〔そこで〕私は、過去に住んでいた前世の暮らしを知りました。　（一〇四）

私は心をよく一点に集中していて、無相〔の境地〕を修しました。私はその直後に解

脱いたしました。執着することなくして、安らいでいます。（一〇五）

〔私にとって、心身を構成する〕五つの〔要素の〕集まり（五陰）は、〔その本性が〕熟知されていて、根が断たれたものとして存続しています。私は安定した存在根拠（基体）から生じたものであり、実に不動であって、今や〔迷いの世界に〕再生することはありません。（一〇六）

もとはジャイナ教[7]徒であったバッダー尼〔の詩〕

私はかつて、髪を剃《そ》っていて、泥を身に塗り、衣を一枚だけ身に着けて[8]放浪していました。罪のあることにおいて罪がないと考え、罪のないことにおいて罪があると見なしておりました。（一〇七）

鷲の峰という山（霊鷲山）において、日中の〔食後の〕休息から離れると、私は、汚れのないブッダが修行者の集いに尊敬されているのを見ました。（一〇八）

私は、跪《ひざまず》いて敬礼し、〔ブッダに〕面と向かって合掌していました。〔すると、ブッダが〕「バッダーよ。いらっしゃい[9]」と言われました。それが、私にとっての受戒《じゅかい》でありました。（一〇九）

〔私は、〕アンガ国、マガダ国、ヴァッジ国、カーシー国、コーサラ国を巡歴しました。私は、負債なき身で、五十年にわたって各国で布施《ふせ》された食べ物を食べていました。

あらゆる束縛から解脱している〔私、〕バッダーに衣を布施した、この智慧を具《そな》えた在家の信者は、多くの福徳を生じました。（一一〇）（一一一）

パターチャーラー尼[10]〔の詩〕

犂《すき》で田を耕し、大地に種子をまき、妻子を養いながら、人々は財を得ます。（一一二）

私は、〔仏教徒として守るべき〕戒めを身に具え、師の教えの女性実践者であります。どうして安らぎ〔涅槃〕に到達しないことがありましょうか。〔私は〕怠けることもなく、浮つくこともありません。（一一三）

私は、両足を洗ってから、その水の中で〔灌水《かんすい》を〕なしました。そして、洗足用の水が高いところから低いところへと流れ来るのを見ていて、その時、賢い馬を調教するように私は心を安定させました。（一一四）

それから私は、燈明《とうみょう》を手にとって僧坊に入りました。私は臥《ふ》すところを見渡して、臥《ふし》床《ど》に近づきました。（一一五）

それから私は、針を手にとって燈明の芯《しん》を取り去り〔、火を消し〕ました。〔その時、〕燈明の火が消えるように心の解脱が起こりました。（一一六）

約三十人の長老の尼僧たちが、パターチャーラー尼の面前で他の人に解説しました。

〔パターチャーラー尼が私たちに言われました。〕「青年たちは、杵《きね》を手に取ってから穀物を搗《つ》きます。青年たちは、〔そのようにして〕妻子たちを養いながら、財産を得ています。（一一七）

あなたたちは、ブッダの教えを実践するがよい。それをなした後には、後悔することがありません。すぐに両足を洗ってから、一隅に坐りなさい。心を静めることに専念し、ブッダの教えを実践するがよい」（一一八）

そのパターチャーラー尼の教えの言葉を聞いてから、それら〔の三十人の尼僧たち〕は、両足を洗い清めて、一隅に近づいて坐りました。心を静めることに専念して、ブッダの教えを実践しました。（一一九）

夜〔を三つに分けたうち〕の初めの部分（初夜《しょや》）において、彼女たちは、前世の生まれを思い出しました。夜の中間の部分（中夜《ちゅうや》）において、あらゆるものを見通す眼（天眼）を浄めました。夜の最後の部分（後夜《ごや》）において、闇の塊を打ち破りました。（一二〇）

〔彼女たちは、〕立ち上がって、〔パターチャーラー尼の〕両足に敬礼しました。〔そして、言いました。〕「〔私たちは〕あなたの教えをなし遂げました。三十〔三天〕（忉利《とうり》天《てん》）[11]の神々が、戦《いくさ》において敗れることのないインドラ神（帝釈天《たいしゃくてん》）[12]に対〔して尊敬〕するように、私たちはあなたを尊敬して、過ごしましょう。ああ、私たちは、三種の明知を具えたものであり、煩悩がありません」（一二二）

チャンダー尼〔の詩〕

私は、かつて不運でした。〔夫に先立たれた〕寡婦《かふ》で、子どももなく、友人もなく、親類もなく、食べ物も着る物も得られませんでした。（一二二）

鉢と杖を手に取って、家から家へと食べ物を乞《こ》いながら、寒さと暑さに苦しめられながら七年の間、私は歩き回りました。（一二三）

さらに、私は、一人の尼僧が食べ物と飲み物を得ているところを見て、近づいて言いました。「私は出家して、家のない状態になって遍歴しています」と。（一二四）

すると、そのパターチャーラー尼は、私に同情して、〔私をブッダの教団に〕出家させてくださいました。そして、私を教え導いて、最高の目的に向けて激励してくださいました。（一二五）

その〔パターチャーラー尼の〕言葉を聞いて、私は〔その〕教えを実践しました。高貴な方の教えは空《むな》しいものではありませんでした。〔私は、〕三種の明知を具えたものであり、煩悩がありません。（一二六）

〔以上で〕「五つの偈からなる詩の章」を終わります。

第六章　六つの偈からなる詩の章

五百人の尼僧たちにパターチャーラー尼〔が教えを説きました〕。

〔パターチャーラー尼が言われました。〕「その子どもがやって来た〔ところの道〕、あるいは去って行ったところの道を、あなたは知ることがありません。その子どもがどこからやって来たのかも〔知ることがありません〕。それなのに、あなたは『私の息子が……』と言って、泣いています。（一二七）

実にその〔子ども〕が、やって来て、去って行った道を、あなたが知っているならば、あなたは、その〔子ども〕を憂うことはありません。命あるものたちは、そのように定められているのです。（一二八）

頼まれてもいないのに、〔その子どもは〕そこからやって来ました。また、許されてもいないのに、ここから行ってしまいました。確かに、どこからかやって来て、数日の間、滞在した後で。（一二九）

〔その子どもは〕そこから一つ〔の道〕を通ってやって来ました。ここから別〔の道〕

を通って去って行きます。人間の姿で亡くなって、輪廻《りんね》しながら去り行くでしょう。やって来た時のように、それと同じように去って行きました。そこに何の悲しみがあるのでしょうか」 （一三〇）

〔私は、パターチャーラー尼に答えました。〕「あなたは、私の心臓に刺さっていた見《み》難《がた》い矢を引き抜いてくださいました。悲しみに打ち負かされていた私のために、〔亡くなった〕息子に対する憂いを取り除いてくださいました。 （一三一）

今、その私は、矢を引き抜かれていて、飢渇《けかち》（妄執《もうしゅう》）がなく、まったき安らぎを得ています。私は、尊者ブッダ（仏）と真理の教え（法）と修行者の集い（僧）に帰依《きえ》いたします」 （一三二）

ヴァーシッティー尼〔の詩〕

子どもの〔死の〕悲しみに悩まされて、私は心が混乱し、狂乱状態になり、裸で髪を振り乱したまま、あちらこちらをさ迷い歩きました。 （一三三）

路《みち》やごみ捨て場、死骸《しがい》を放置する所、街道を三年にわたって、飢えと渇《かわ》きを抱えて放浪していました。 （一三四）

その時、人格を完成された人（善逝《ぜんぜい》）[1]で、調練されていない人を調練する人（調御丈《じょうごじょう》夫《ぶ》）、完全に覚っておられる人（正遍知《しょうへんち》）、どこにも恐怖のない人〔であるブッダ〕が

ミティラー市に行かれたのを見ました。（一三五）
私は、自分の心を取り戻した後で、敬礼し、〔ブッダに〕近づき〔坐り〕ました。そのゴータマ〔・ブッダ〕は慈《いつく》しんで私のために真理の教え（法）を説かれました。（一三六）
その〔ブッダの説かれる〕教えを聞いて、私は出家して家のない状態になりました。師の言葉において努力しつつ、幸せな境地を覚りました。（一三七）
すべての悲しみは絶やされ、断たれ、ここに終極しています。もろもろの悲しみが生起する根源について、私はまさに完全に知り尽くしたのであります。（一三八）

ケーマー尼〔の詩〕

〔悪魔が誘惑してきました。〕「あなたは、若くて美しい。私もまた若々しい青年です。ケーマーよ。いらっしゃい。私たちは、五つの部分からなる楽器によって楽しみましょう」（一三九）
〔私は悪魔に言いました。〕「病んでいて、壊れやすい、この腐りゆく身体によって、私は悩まされ、恥じ入っています。愛欲の妄執は根絶されたのです。（一四〇）
もろもろの欲望は、刀や串に譬《たと》えられ、〔心身を構成する五つの〕要素（五陰《ごおん》）にとっての断頭台であります。今や、あなたが欲望と快楽と言っているもの、それは私に

とって不快なものなのです。（一四一）
〔欲楽の〕喜びは、あらゆる面で打ち破られていて、闇の塊は粉砕されました。悪魔よ。このように知りなさい。破滅をもたらすものよ。あなたは、打ち破られているのです。（一四二）
無知なる愚かな者たちよ。あなたたちは、星宿を礼拝《らいはい》しつつ、林の中で火神に仕えました。ありのままに知ることのない愚かなものたちは、〔それを〕清浄なものだと考えるのです。（一四三）
実に私は、完全に覚っておられる人、人間の中の最上の人に敬礼しつつ、師の教えを実行して、すべての苦しみから完全に解脱《げだつ》しています」（一四四）

スジャーター尼〔の詩〕
〔私は、〕身を飾り立て、きれいな服を着て、花環《はなわ》を飾り、栴檀香《せんだんこう》を身に塗り、あらゆる装身具を身に着けて、侍女の集団にかしずかれていました。（一四五）
〔ある日、私は、〕食べ物や、飲み物、噛《か》んで食べる固い食べ物や、噛まなくてもよい軟らかい食べ物をたくさん持って、家から出て遊園地にまいりました。（一四六）
そこで、楽しみ、遊んだ後で、自分の家に戻りながら、私は精舎《しょうじゃ》を見ました。〔コーサラ国の〕サーケータにあるアンジャナ林に入りました。（一四七）

〔その林で私は、〕世間の光明《こうみよう》〔であるブッダ〕を見て、敬礼して近づきました。その眼《まなこ》ある人は、私を慈しんで真理の教え（法）を説いてくださいました。（一四八）
偉大なる仙人の〔教え〕を聞いて、私は真理に通達いたしました。まさにその時、汚れ（塵《じん》）のない真理の教え、不死の境地を獲得しました。（一四九）
その後、正しい教えを知って、私は出家して家のない状態になりました。三種の明知に到達していて、ブッダの教えは空《むな》しいものではありませんでした。（一五〇）

アノーパマー尼[2]〔の詩〕

私は、多くの富に恵まれ、莫大《ばくだい》な財産がある高貴な家に生まれました。マッジャの産ませた娘[3]であり、麗《うるわ》しい容姿を具《そな》えていました。（一五一）
〔私は〕王子たちに希求され、長者の息子たちに求められました。〔彼らは〕私の父に使者を送り〔、伝え〕ました。「私にアノーパマーをお与えください。（一五二）
あなたのこの娘アノーパマーを測った体重の八倍もの黄金と宝物をあげましょう」と。（一五三）
その私は、完全に覚っておられる人であり、世間における最勝で、この上ない人を見て、その人の両足に敬礼して、一隅に近づき〔坐り〕ました。（一五四）
そのゴータマ〔・ブッダ〕は、慈しんで私のために真理の教え（法）を説かれました。

私はその座に坐っていて、第三の果〔すなわち、もはや二度と迷いの世界に戻ることのない位（＝不還果《ふげんか》[4]）〕を体得しました。（一五五）

それから、〔私は〕髪の毛を切って、出家して家のない状態となりました。私が渇愛《かつあい》を干涸《ひか》らびさせてから、今日《きょう》でそれは七日目の夜になります。（一五六）

マハー・パジャーパティー・ゴータミー尼[5]〔の詩〕

ブッダよ。勇気ある人よ。あらゆる人々のなかでこの上ない人よ。私と、他の多くの人々を苦から解放してくださるところのあなたに敬礼します。（一五七）

私は、あらゆる苦しみについて完全に知り尽くし、〔その苦しみの〕原因としての妄執を枯渇させ、聖なる八つの項目からなる道（八正道《はっしょうどう》[6]）と、〔それによって妄執の〕滅尽を体得しました。（一五八）

過去世において、私は、母や、息子、父、兄弟、祖母として生まれていました。私は、〔ものごとを〕ありのままに知ることなく、〔覚りを〕得ることもなく、〔迷いの生存を〕輪廻していました。（一五九）

実に私は、その世尊にお会いしました。これは、〔私の〕最後の身体です。〔私にとって、〕もはや生まれを繰り返して迷いの世界をめぐることは尽きています。再び〔迷いの世界に〕生まれてくることはありません。（一六〇）

精進《しょうじん》に励み、自ら専念し、常にしっかりと奮励している和合した仏弟子たちを見てください。この〔在り方こそ〕がブッダに対する敬礼なのです。（一六一）

マーヤー（摩耶《まや》）夫人[7]は、実に、多くの人々のために、ゴータマ〔・ブッダ〕をお産みになりました。〔マーヤー夫人は、〕病と死に苛《さいな》まれている人たちのために苦しみの塊を取り除いてくださいました。（一六二）

グッター尼〔の詩〕

グッターよ。子どもや、富、愛するもの[8]を捨てて、出家したところのその目的、まさにそれを実現させるがよい。〔放逸なる〕心の支配下に入ってはなりません。（一六三）

人々は、心によって欺《あざむ》かれ、悪魔の境域を楽しんで、一度ならず、何度も生まれを繰り返して迷いの世界をめぐること（輪廻）に奔走しています。智慧《ちえ》がないからです。（一六四）

快楽に対する欲望や、憎悪、そして自己に執着する誤まった見解、〔誤った〕戒と誓《せい》戒《かい》に対する執着、そして第五に疑惑——（一六五）

尼僧よ。これらの低い領域に導く束縛を捨てて〔いるので〕、あなたは再び〔迷いの生存である〕この世に還《かえ》ってくることはないでありましょう。（一六六）

情欲、慢心、無智、心の浮《うわ》つきを放棄し、もろもろの束縛を断ち切って、あなたは、苦しみに終わりをもたらすでありましょう。（一六七）

生まれを繰り返して迷いの世界をめぐることを捨て、〔迷いの生存への〕再生のことを知悉《ちしつ》〔して切断〕することによって、あなたはまさに現世において欲がなく、心が静まったものとなり、〔悠々と〕歩みゆくでしょう。（一六八）

ヴィジャヤー尼〔の詩〕

四度も、五度も私は精舎から逃げ出しました。心の静まりを得ることもなく、心には自在さもなかったからです。（一六九）

私は、一人の尼僧に近づいて、恭《うやうや》しく尋ねました。その〔尼僧〕は、私のために〔六つの感覚器官とそれぞれの対象である知覚を成立させる十二の〕領域・〔十二の領域に六つの認識作用を加えた世界を在らしめる十八の〕範疇《はんちゅう》、〔すなわち十二入《じゅうににゅう》・十八《じゅうはち》界《かい》〕という法を説いてくださいました。（一七〇）

〔さらに、〕最高の目的に到達するための四つの聖なる真理（四聖諦《ししょうたい》[9]）、〔五つの〕能力（五根《ごこん》[10]）、〔五つの〕力（五力《ごりき》[11]）、覚りを得るのに有用な〔七つの〕項目（七覚支）、〔聖なる〕八つの項目からなる道（八正道《はっしょうどう》）〔を説いてくださいました〕。（一七一）

その〔尼僧の〕言葉を聞いて、私は〔その〕教えを実践しながら、夜〔を三つに分け

たうち〕の初めの部分（初夜）において、私は、前世の生まれを思い出しました。（一七二）

夜の中間の部分（中夜）において、あらゆるものを見通す眼（天眼）を浄《きよ》めました。

夜の最後の部分（後夜）において、闇の塊を打ち破りました。（一七三）

そして、その時、私は、喜びと楽しさで全身を満たして、暮らしていました。〔それから〕七日目に闇の塊を粉砕して、私は両足を伸ばし〔牀座《しょうざ》から立ち上がり〕ました。（一七四）

〔以上で〕「六つの偈からなる詩の章」を終わります。

第七章　七つの偈からなる詩の章

ウッタラー尼〔の詩〕

〔パターチャーラー尼が私たちに言われました。〕「青年たちは、杵《きね》を手に取ってから穀物を搗《つ》きます。〔このようにして〕妻子を養いながら、青年たちは財を得ます。（一七五）

〔尼僧たちよ。〕ブッダの教えに励むがよい。それをなした後には、後悔することがありません。すぐに両足を洗ってから、一隅に坐りなさい。（一七六）

心を調え、一点によく集中し、もろもろの形成されたものを〔自己とは異なる〕他のものであり、自己ではない（非我《ひが》）と観察しなさい」（一七七）

その〔尼の〕言葉、パターチャーラー尼の教えを聞いて、私は、両足を洗ってから、一隅に近づき〔坐り〕ました。（一七八）

夜〔を三つに分けたうち〕の初めの部分（初夜）において、私は、前世の生まれを思い出しました。夜の中間の部分（中夜）において、あらゆるものを見通す眼《まなこ》（天眼）

を浄《きよ》めました。　（一七九）

夜の最後の部分（後夜）において、闇の塊を打ち破りました。その時、私は三種の明知を具《そな》え、〔牀座《しょうざ》から〕立ち上がりました。私はあなたの教えをなし遂げました。　（一八〇）

三十〔三天〕（忉利天《とうりてん》）の神々が、戦《いくさ》において敗れることのないインドラ神（帝釈天）に対〔して尊敬〕するように、私はあなたを尊敬して、過ごしましょう。〔私は、〕実に三種の明知を具えたものであり、煩悩がありません。　（一八一）

チャーラー尼〔の詩〕

〔私が言いました。〕「心の思いを調えて、もろもろの感覚器官の働きを修した尼僧は、意志形成作用の静止である心の静まった安楽の境地に通達しました」　（一八二）

〔悪魔が言いました。〕「あなたは、だれを〔師と〕定めて剃髪《ていはつ》しているのか？　あなたは、女性修行者のように見えるが、あなたは、異教のことを喜んでいない。どうして、こんなことを行じているのか？　愚かなことだ」　（一八三）

〔私は言いました。〕「この〔仏教の〕外部の異教の人たちは、誤った考えを依《よ》り所《どころ》にしています。彼らは真理を分かっていません。彼らは真理の教え（法）を熟知していません。　（一八四）

サキャ（釈迦《しやか》）族[1]にブッダが誕生されました。他とは比べることのできない人です。その〔ブッダ〕は、私のために、もろもろの誤った考えを乗り越える真理の教えを説かれました。 （一八五）

〔すなわち、〕①苦しみと、②苦しみの生起と、③苦しみの克服と、④苦しみの滅尽に導く聖なる八つの項目からなる道（八正道）――〔を説かれました〕。 （一八六）

その〔ブッダの〕言葉を聞いて、私は〔その〕教えを楽しんで暮らしていました。〔私は〕三種の明知を得たのです。〔私は〕ブッダの教えをなし遂げました。 （一八七）

〔欲楽の〕喜びは、あらゆる面で打ち破られていて、闇の塊は粉砕されました。悪魔よ。このように知りなさい。破滅をもたらすものよ。あなたは、打ち破られているのです」 （一八八）

ウパチャーラー尼〔の詩〕

〔私は言いました。〕「心をしっかりとたもち、〔ものごとの本質を見抜く〕眼を持ち、もろもろの感覚器官の働きを修した尼僧は、悪人たちが親しんだことのない心の静まった境地に通達しました」 （一八九）

〔悪魔が言いました。〕「どうして、あなたは生を喜ばないのか？ 生まれた人は、愛欲を享受するものだ。愛欲の楽しみを享受しなさい。後になって、悔いることがない

ように」　（一九〇）

〔私は言いました。〕「生まれたものには死があります。また、手足の切断や、殺しや、捕縛といったわざわいも〔あります〕。生まれたものは、苦しみを受けるのです。　（一九一）

サキャ（釈迦）族に、完全に覚っておられて、敗られることのない〔ブッダ〕が誕生されました。その〔ブッダ〕は、私のために、〔迷いの〕生存を超越する真理の教えを説かれました。　（一九二）

〔すなわち、〕①苦しみと、②苦しみの生起と、③苦しみの克服と、④苦しみの滅尽に導く聖なる八つの項目からなる道（八正道）――〔を説かれました〕。　（一九三）

その〔ブッダの〕言葉を聞いて、私は、〔その〕教えを楽しんで暮らしていました。〔私は〕三種の明知を得たのです。〔私は〕ブッダの教えをなし遂げました。　（一九四）

〔欲楽の〕喜びは、あらゆる面で打ち破られていて、闇の塊は粉砕されました。悪魔よ。このように知りなさい。破滅をもたらすものよ。あなたは、打ち破られているのです」　（一九五）

〔以上で〕「七つの偈からなる詩の章」を終わります。

第八章　八つの偈からなる詩の章

シースーパチャーラー尼〔の詩〕

〔私が言いました。〕「戒を具足した尼僧は、感覚器官において威儀を正していて、美味で栄養豊かな心の静まった境地に達しています」（一九六）

〔悪魔が言いました。〕「〔六欲天[1]の中の〕三十三天（忉利天）と、ヤーマ天（夜《や》摩《ま》天《てん》）と、トゥシタ天（兜《と》率《そつ》天《てん》）の神々と、化《け》楽《らく》天《てん》の神々と、〔他《た》化《け》〕自《じ》在《ざい》天《てん》の神々――それらの、あなたが、過去に住んだことのあるところ、そこに〔生まれたいと〕心に願い求めるがよい」（一九七）

〔私は言いました。〕「三十三天と、ヤーマ天と、トゥシタ天の神々と、化楽天の神々と、〔他化〕自在天の神々は、（一九八）

生存から生存へと、繰り返して〔生まれ変わっては〕自己の身体を尊重〔することに執着〕していて、生死《しょうじ》をさまよい行くものとして、自己の身体を超越することがありません。（一九九）

全世界は〔煩悩の炎で〕燃えています。全世界は完全に燃焼しています。全世界は焼かれています。全世界は震動しています。（二〇〇）

〔それに対して、〕ブッダは、動揺することもなく、比べるものもない、凡人たちが親しむこともなかった真理の教え（法）を私のために説いてくださいました。[2]その時、私の心は歓喜しました。（二〇一）

その〔ブッダの〕言葉を聞いて、私は、〔その〕教えを楽しんで暮らしていました。〔私は〕三種の明知を得たのです。〔私は〕ブッダの教えをなし遂げました。（二〇二）

〔欲楽の〕喜びは、あらゆる面で打ち破られていて、闇の塊は粉砕されました。悪魔よ。このように知りなさい。破滅をもたらすものよ。あなたは、打ち破られているのです」（二〇三）

〔以上で〕「八つの偈からなる詩の章」を終わります。

第九章　九つの偈からなる詩の章

ヴァッダ長老の母〔の詩〕

〔私は、息子である長老のヴァッダに言いました。〕「ヴァッダよ。実に、あなたには、決していかなる時も世間に対して欲念があってはなりません。かわいい息子よ。再三再四、苦しみを所有するものとなってはなりません。

ヴァッダよ。動揺することなく、疑念を断っていて、清涼となり、〔身心を〕制することに通達して、煩悩のない聖者たちは、実に安楽に住しておられます。（二〇四）

ヴァッダよ。〔真理を見る〕直観を獲得するために、苦しみの終止を実行するために、あなたは、それらの仙人たちによって実行された道を修習するがよい」（二〇五）

〔長老のヴァッダが言いました。〕「母よ。あなたは、自信を持って、私のためにこの道理を話してくださいました。わが母よ。私は、確かに考えます。欲念は、あなたには見出《みいだ》されません」（二〇六）

〔私が答えました。〕「ヴァッダよ。形成されたものが、どんなに劣ったものであれ、（二〇七）

勝《すぐ》れたものであれ、中くらいのものであれ、〔それらに対する〕欲念は、微小でも微量でも私には見出されません」　（二〇八）

〔長老のヴァッダが言いました。〕「〔放逸であることなく〕努力精進《しょうじん》を怠らずに瞑想《めいそう》した時、私の煩悩（漏《ろ》）はすべて尽きました。〔私は〕三種の明知を得たのです。〔私は〕ブッダの教えをなし遂げました。　（二〇九）

母は、私を慈《いつく》しんで、実に偉大なる鞭《むち》を振り下ろしてくださいました。最高の目的を了解させる詩のように。　（二一〇）

その母の言葉と、教えを聞いて、私は、完全な安穏を獲得するための真理の教え（法）の感動に出合いました。　（二一一）

その私は、努力することに自ら専念し、昼夜に怠ることなく、母に励まされて、心が静まりました。最高の静まりに達したのです」　（二一二）

〔以上で〕「九つの偈からなる詩の章」を終わります。

第十章　十一の偈からなる詩の章

キサー・ゴータミー尼〔の詩〕

「世間の人々に関して、聖者（ブッダ）は、善き友人（善知識《ぜんちしき》）と付き合うことを称讃《しょうさん》されました。善き友人たちに親しく交わっている人は、愚かな人もまた、賢者となるでありましょう。（二一三）

賢明な善人（善士《ぜんし》）たちに親しく交わるべきです。そのように親しくしている人の智《ち》慧《え》は増大します。賢明な善人たちに親しく交わっている人は、あらゆる苦しみから脱するでありましょう。（二一四）

人は、①苦しみと、②苦しみの生起と、③〔苦しみの〕克服と、④〔苦しみの滅尽に導く聖なる〕八つの項目からなる道（八正道）——という四つの聖なる真理（四聖諦《ししょうたい》）を理解するべきです。（二一五）

『女性であることは苦しい』と、調練されるべき人の御者《ぎょしゃ》〔であるブッダ〕は話されました。妻が夫を〔他の女性と〕共有していることも苦しみです。一たび出産したこ

とのある女性も〔苦しみがあります〕。（二一六）

繊細な女性たちが首を切ったり、毒をあおったりしました。〔女性は、〕胎児が死亡している場合、〔母子の〕二人とも禍《わざわい》を受けることにもなります。（二一七）

〔私の場合もそうでした。〕出産間近となった私は、〔家に〕戻る途中に夫が路《みち》で死んでいるのを見つけました。〔しかも、途中で〕出産してしまったので、私は自分の家にたどり着くことができませんでした。（二一八）

あわれな女〔である私〕にとって、二人の子どもが死に至り、夫が路上で死に、母と父[1]と兄弟たちも一緒にまとめて積まれて火葬されました。（二一九）

家系が断絶したあわれな女よ。あなたは、計り知れない苦しみを経験しました。しかも、幾千回もの多くの生涯にわたって、あなたは涙を流しました。（二二〇）

それからさらに、私は〔死骸《しがい》を放置する〕墓場の中で子どもの肉が〔動物に〕食べられている[2]のを見ました。〔私は、〕家系が断絶したものであり、夫に先立たれ、あらゆる人に嘲笑《ちょうしょう》されるものでした。〔その私が、〕不死〔の道〕を獲得しました。（二二一）

私は、不死へと導く聖なる八つの項目からなる道（八正道）を修しました。私は、安らぎ〔涅槃《ねはん》〕を覚り、真理を映し出す鏡を見ました。（二二二）

私は、〔心臓に刺さっていた〕矢を折り、重荷を下ろしていて、私は、なすべきことをなし遂げました」

と言って、心が完全に解脱《げだつ》している長老のキサー・ゴータミー尼は、この〔詩〕を詠《よ》みました。（二一三）

〔以上で〕「十一の偈からなる詩の章」を終わります。

第十一章　十二の偈からなる詩の章

ウッパラヴァンナー尼[1]〔の詩〕

母と娘の私たち二人は、〔同じ〕夫を共有する妻でありました。その私に、これまで経験したこともない、身の毛もよだつ戦慄《せんりつ》が走りました。（二二四）

厭《いと》わしいことです。愛欲は不浄なもので、悪臭を放ち、多くの棘《いばら》（苦難）に満ちています。私たち、母と娘は、〔二人の夫の〕同じ妻でありました。（二二五）

もろもろの愛欲には過失があることを見て、〔世を捨てて〕出離することが確固たる安穏であることから、その〔私〕は、ラージャガハ（王舎城）において家から出家して、家のない状態になりました。（二二六）

〔そこで〕私は、前世の暮らしを知り（宿命通）、あらゆるものを見通す眼《まなこ》（天眼通）を浄《きよ》めました。心を熟知して、〔他者の心を見通す〕智慧《ちえ》（他心通）と〔勝《すぐ》れた〕耳の働き（天耳通）を浄めました。（二二七）

私は、自在な力（神足通）もまた覚り、私は煩悩の滅尽（漏尽通）に達しました。〔以

上の〕六つの神通力〔六通〕を覚って、私はブッダの教えをなし遂げました。（二二八）

私は、神通力で四頭立ての馬車を化作《けさ》して、世界の保護者である輝かしいブッダの両足に〔頭をつけて〕敬礼し〔、一隅に立ち〕ました。（二二九）

〔悪魔が言いました。〕「先端にきれいな花を咲かせている木に近づいて、あなたは一人で木の根もとにたたずんでいる。しかもまた、あなたには同伴者がだれもいない。若い女よ。あなたは悪人たちを恐れていない」（二三〇）

〔私は、答えました。〕「百・千人〔＝十万人〕もの悪人たちが、それほど集まってきたとしても、私は、身の毛を一本も動かすことはなく、また激しく震えることもありません。悪魔よ。〔たった〕一人のあなたが、私に何をなそうというのでしょうか？」（二三一）

〔悪魔が言いました。〕[2]「この〔私〕は、消え去ることもできる。あるいは、あなたの腹の中に入ることもできる。あなたの眉間《みけん》に立つこともできるのだ。〔けれども〕あなたは、私が〔そこに〕いるのを見ることはないであろう」（二三二）

〔私は、言いました。〕「私は、心において自在となりました。神足通を確かに修め、六つの神通力を覚りました。〔私は〕ブッダの教えをなし遂げました。（二三三）

もろもろの欲望は、刀や串に譬《たと》えられ、〔身心を構成する五つの〕要素〔五陰《ごおん》〕にと

っての断頭台であります。今や、あなたが欲望と快楽と言っているもの、それは私にとっての不快なものなのです。（二三四）

〔私にとって欲楽の〕喜びは、あらゆる面で打ち破られていて、闇の塊は粉砕されました。悪魔よ。このように知りなさい。破滅をもたらすものたちよ。あなたは、打ち破られているのです」（二三五）

〔以上で〕「十二の偈からなる詩の章」を終わります。

第十二章　十六の偈からなる詩の章

プンニカー尼〔の詩〕

〔沐浴《もくよく》をしているバラモンに私は尋ねました。〕「水汲《みずく》み女であった私は、高貴な女性たちから罰されるのが怖くておびえ、言葉で怒られる恐怖に悩んで、寒い日も常に水の中に入っていました。（二三六）

バラモンよ。あなたは、だれ〔、あるいは何〕を恐れて常に水に入っているのですか？　あなたは、五体を慄《ふる》わせながら、厳しい寒さを感じています」（二三七）

〔バラモンが言いました。〕「しかしながら、尊師プンニカーさんよ、あなたは、分かっていながら〔私に〕質問しておられる。〔私は〕善い行ない（善業《ぜんごう》）をなし、悪い行ない（悪業《あくごう》）を防いでいるのだ。（二三八）

また、年老いた人であれ、若い人であれ、悪い行ないをなしたとしても、その人も水浴によって悪業から脱《のが》れることができるのだ」（二三九）

〔私は言いました。〕「いったいだれが、無知でありながら、無知なあなたに、『水浴に

よって悪業から解放される』ということを説いたのですか？　（二四〇）

〔もしも、あなたの言われる通りであるならば、〕蛙《かえる》も、亀も、龍も、鰐《わに》も、そのほかの水に潜《もぐ》っているものたちも、すべて確実に天上界に趣《おもむ》く（天に生れる）ことになるでありましょう。　（二四一）

羊を屠《ほふ》る人も、豚を屠る人も、漁師も、猟師も、盗賊も、死刑執行人も、そのほかの悪業をなすところのそれらの人たちも、水浴によって悪業から脱れることになるでありましょう。　（二四二）

もしもこれらの河川〔の流れ〕が、あなたが過去になした悪〔業〕を運び去ってしまうというのであるならば、これら〔の流れ〕は、善〔業〕（功徳）をも運び去ってしまうでしょう。それによって、あなたは〔善からも悪からも〕無縁のものとなってしまうでしょう。　（二四三）

バラモンよ。あなたは常に恐れて水に入っておられますが、まさにそれをなさいますな。バラモンよ。あなたは、ご自分の冷えきった皮膚を害《そこな》わないようにしてください」　（二四四）

〔バラモンが言いました。〕「あなたは、邪《よこしま》な道に陥っていた私を、聖なる道に導いてくださいました。尊師よ、私はあなたにこの水浴の衣を差し上げます」　（二四五）

〔私は言いました。〕「衣は、まさにあなたのものにしておいてください。私は衣を欲

しくありません。もしもあなたが苦しみを恐れ、もしもあなたにとって苦しみが憎むべきものであるならば、

（二四六）

あらわにでも、ひそかにでも悪《あ》しき行ないをなしてはなりません。もしも、悪しき行ないを〔未来に〕なそうとしたり、あるいは〔現在に〕なしたりするならば、

（二四七）

たとえ、あなたが苦しみを恐れようが、たとえ、あなたにとって苦しみが憎むべきものであろうが、〔空中に〕飛翔《ひしょう》してから[1] 逃げようとしても、あなたは苦しみから免れることはありません。

（二四八）

そのように〔勝《すぐ》れた〕ブッダ（仏）と真理の教え（法）と、修行者の集い（僧）〔からなる三宝《さんぼう》〕に帰依《きえ》してください。もろもろの〔仏教徒として守るべき〕戒めを受持《じゅじ》してください。それが、あなたのためになるでありましょう。

（二四九）

〔バラモンが言いました。〕「私は、そのようなブッダ（仏）と、真理の教え（法）と、修行者の集い（僧）に帰依します。もろもろの〔仏教徒として守るべき〕戒めを受持します。それは、私のためになるでありましょう。

（二五〇）

かつて私は、〔バラモンの家系に生まれたという意味で〕ブラフマー神（梵天《ぼんてん》）[2] の親族でありました。〔ところが、〕今は、真のバラモンであります。〔私は〕、三つの明知を具《そな》え、〔バラモンの聖典である〕ヴェーダを成就《じょうじゅ》した〔真の〕ヴェーダ学者であり、

〔真の〕沐浴者《もくよくしゃ》であります」　（二五一）

〔以上で〕「十六の偈からなる詩の章」を終わります。

第十三章　二十の偈からなる詩の章

アンバパーリー尼[1]〔の詩〕

私の頭髪は、黒くて蜜蜂の色に等しく、先端が縮れていました。〔しかし今、〕それらは、老衰によって麻の樹皮のようになってしまいました。真実を語る人の言葉に誤りはありません。（二五二）

〔かつて、〕私の頭は、芳香を放つ箱が香るように、花で満たされていました。〔ところが今、〕それは、老衰によって兎《うさぎ》の毛の臭いがしています。真実を語る人の言葉に誤りはありません。（二五三）

〔かつて、私の頭は、〕よく植え付けられて生い茂った森のように、頭頂が櫛《くし》とピンで整えられてきれいに飾られていました。〔ところが今、〕それは、老衰によってあちこちで〔髪が〕薄くなってしまいました。真実を語る人の言葉に誤りはありません。（二五四）

〔その髪は、〕黄金で飾られ、芳香が漂《ただよ》い、柔軟で、実に美しいものでした。〔その〕

黒髪によって〔私は、〕荘厳されていました。〔ところが今、〕その頭は、老衰によって、薄毛になってしまいました。真実を語る人の言葉に誤りはありません。（二五五）

かつて、私の眉《まゆ》は、画家によって上手になされたかのように描かれ、実に美しいものでした。〔ところが、今は〕その〔眉〕は老衰によって、皺《しわ》がよったことで垂れ下がってしまいました。真実を語る人の言葉に誤りはありません。（二五六）

〔私の〕眼《まなこ》は、紺碧《こんぺき》の色をしていて切れ長で、宝石のように、光って妙《たえ》なる輝きがありました。〔ところが、今は〕それらの〔眼〕は、老衰によって害《そこな》われ、輝いていません。真実を語る人の言葉に誤りはありません。（二五七）

青春の真っ盛りのころは、〔私の〕鼻は、柔軟で山のように高くて、実に美しいものでした。〔ところが、今は〕その〔鼻〕は、老衰によって、しなびたようになってしまいました。真実を語る人の言葉に誤りはありません。（二五八）

かつて、私の耳たぶは、よく作られ、よく仕上げられた腕輪のように、実に美しいものでした。〔ところが、今は〕それら〔の耳たぶ〕は、老衰によって皺がよったことで垂れ下がってしまいました。真実を語る人の言葉に誤りはありません。（二五九）

かつて、私の歯は、芭蕉《ばしょう》（バナナ）の新芽の色と同じで実に美しいものでした。〔ところが、今は〕それら〔の歯〕は、老衰によって欠けてしまって、麦のような色に黄ばんでいます。真実を語る人の言葉に誤りはありません。（二六〇）

森の中で木々の茂みの中を飛び回るコーキラ鳥たちの〔さえずりの〕ように、〔私は〕蜜のように甘い声を発していました。〔ところが今、〕その〔声〕は、老衰によってところどころでかすれるようになってしまいました。真実を語る人の言葉に誤りはありません。（二六一）

かつて、私の首は、よく磨かれて、つるつる滑る螺貝《らがい》の殻[2]のように、実に美しいものでした。〔ところが今、〕その〔首〕は、老衰によって曲がってしまい、見る影もありません。真実を語る人の言葉に誤りはありません。（二六二）

かつて、私の二本の腕は、閂《かんぬき》のように円くて、実に美しいものでした。〔ところが今、〕それらの〔腕〕は、老衰によってパータリ樹のように弱々しくなってしまいました。真実を語る人の言葉に誤りはありません。（二六三）

かつて、私の両手は、柔らかくて、指輪の黄金で飾られていて、実に美しいものでした。〔ところが今、〕それら〔の手〕は、老衰によって木の根や草の根のようになってしまいました。真実を語る人の言葉に誤りはありません。（二六四）

かつて、私の二つの乳房は、豊かに円くふくらんで形がよく、上向きで、実に美しいものでした。〔ところが今、〕それら〔の乳房〕は、〔老衰によって〕水が空《から》になった革袋のように垂れ下がってしまいました。真実を語る人の言葉に誤りはありません。（二六五）

かつて、私の身体は、きれいに磨かれた黄金の板のように、実に美しいものでした。〔ところが今、〕その〔身体〕は、細かい皺だらけになってしまいました。真実を語る人の言葉に誤りはありません。（二六六）

かつて、私の二つの太腿《ふともも》は、蛇（コブラ）の頭のように実に美しいものでした。〔ところが今、〕それら〔の太腿〕は、老衰によって竹の茎のように〔細く節々の浮き出たものと〕なってしまいました。真実を語る人の言葉に誤りはありません。（二六七）

かつて、私の〔二つの〕脛《すね》は、柔らかくて、足環《あしわ》の黄金で飾られていて、実に美しいものでした。〔ところが今、〕それら〔の脛〕は、老衰によって〔胡麻《ごま》の種子を取った後に残る干《ひ》涸《か》らびた〕胡麻幹《ごまがら》のようになってしまいました。真実を語る人の言葉に誤りはありません。（二六八）

かつて、私の両足は、綿を満たして作られた〔靴の〕ように実に美しいものでした。〔ところが今、〕それら〔の両足〕は、老衰によって〔肌が〕荒れ、皺だらけになってしまいました。真実を語る人の言葉に誤りはありません。（二六九）

〔以上の〕これだけのものの寄せ集めであるこの身体は、老いぼれて、多くの苦しみが集積するところとなりました。その〔身体〕は、塗装がはげ落ちたあばら家です。真実を語る人の言葉に誤りはありません。（二七〇）

ローヒニー尼〔の詩〕

〔バラモンである私の父が言いました。〕「貴い娘よ。あなたは、『修行者たちよ！』と、私に言って、眠りに就きます[3]。あなたは、『修行者たちよ！』と言って、眠りから目を覚まします。〔寝ても覚めても、〕あなたが、賛嘆するのは修行者たちだけです。あなたは、間違いなく女性修行者となるでしょう。 （二七一）

あなたは、多量の食べ物と飲み物を修行者たちに施しています。ローヒニーよ。今、私は尋ねよう。あなたにとって、どうして修行者たちは貴ぶべきものなのですか？ （二七二）

働く意欲も持たず、怠け者で、他人からの施しに依存して生活していて、〔他人に〕期待し、うまいものを欲しがっている。あなたにとって、どうして修行者たちは貴ぶべきものなのですか？」 （二七三）

〔私は答えました。〕「父よ。あなたは、実に長いこと、修行者のことについて私に質問してくださいました。私は、あなたに彼らの智慧《ちえ》と戒行と努力について称讃《しょうさん》いたしましょう。 （二七四）

彼らは、働く意欲を持っていて、怠けることなく、最も勝《すぐ》れた行ないをなす人たちであり、貪りと、怒りとを断《た》っています。それ故に、私にとって、修行者たちは貴ぶべきものなのです。 （二七五）

彼らは、〔貪り・憎悪・愚かさという〕三つの悪の根本（三毒）を振り払い、清らかな行ないをなす人たちです。彼らは、あらゆる悪を断じています。それ故に、修行者たちは、私にとって貴ぶべきものなのです。（二七六）

彼らの身体による行ない（身業《しんごう》）は清らかです。また、言葉による行為（口業《くごう》）も同様です。彼らの心による行ない（意業《いごう》）も清らかです。それ故に、修行者たちは、私にとって貴ぶべきものなのです。（二七七）

彼らは、汚れを離れています。真珠母《しんじゅぼ》貝《かい》のように内面も外面も浄《きよ》められていて、潔白な徳が満ちています。それ故に、修行者たちは、私にとって貴ぶべきものなのです。（二七八）

〔彼らは〕博識（多聞《たもん》）であり、真理の教えを持《たも》つ人たちであり、真理に基づいて生きる聖なる人たちであって、目的と真理を教示しておられます。それ故に、修行者たちは、私にとって貴ぶべきものなのです。（二七九）

〔彼らは〕博識であり、真理の教えを持《たも》つ人たちであり、真理に基づいて生きる聖なる人たちであって、心を一点に定めていて、心をしっかりとたもっておられます。それ故に、修行者たちは、私にとって貴ぶべきものなのです。（二八〇）

〔彼らは、〕遠くに行く人であり、心をしっかりとたもっている人、誓言を語る人[4]、〔心の〕落ち着いた人であり、苦しみの止滅について了知しておられます。それ故に、

修行者たちは、私にとって貴ぶべきものなのです。　（二八一）

〔彼らは、托鉢《たくはつ》を終えた後、〕村から出て行く時、決して何ものをも〔もの欲しそうに〕注視することはありません。欲求することがないかのように出て行きます。それ故に、修行者たちは、私にとって貴ぶべきものなのです。　（二八二）

彼らは、〔食糧をはじめとして、ものを貯えてはならないという戒律に従って、〕自分のものを倉庫にも、瓶《かめ》にも、籠《かご》にも貯蔵していません。〔托鉢によって〕調理が完了したものを求めています。それ故に、修行者たちは、私にとって貴ぶべきものなのです。　（二八三）

彼らは、貨幣も、金も、銀も手に取ることはありません。〔托鉢で得た〕現在の瞬間にあるものによって暮らしています。それ故に、修行者たちは、私にとって貴ぶべきものなのです。　（二八四）

〔彼らは、〕〔家柄の異なる〕種々の家から〔出家しているし〕、種々の国から〔やって来て〕出家しています。彼らは、お互いを尊敬しています。それ故に、修行者たちは、私にとって貴ぶべきものなのです」　（二八五）

〔バラモンである父が言いました。〕「ローヒニーよ。貴い娘よ。〔あなたは、〕実に私たちのために私たちの家に生まれました。〔あなたは、〕ブッダ（仏）と真理の教え（法）と、修行者の集い（僧）〔からなる三宝《さんぼう》〕に対する信仰を持ち、深く尊重してい

ます。（二八六）

これは、この上ない功徳を生み出す田（福田《ふくでん》）であるということを、あなたは分かっています。これらの修行者たちは、実に私たちの布施《ふせ》するものを受けてくださるでしょう。ここに私たちの広大な供養が用意されるでありましょう」（二八七）

〔私は、父に言いました。〕「もしも、あなたが苦しみを恐れるならば、もしも、あなたに憎むべき苦しみがあるならば、ブッダ（仏）と真理の教え（法）と、そのように勝れた修行者の集い（僧）〔からなる三宝〕に帰依《きえ》してください。もろもろの〔仏教徒として守るべき〕戒めを受持《じゆじ》してください。それは、あなたのためになるでありましょう」（二八八）

〔バラモンの父が言いました。〕「私は、ブッダ（仏）と真理の教え（法）と、そのように勝れた修行者の集い（僧）〔からなる三宝〕に帰依します。もろもろの〔仏教徒として守るべき〕戒めを受持します。それは、私のためになるでありましょう。（二八九）

かつて私は、〔バラモンの家系に生まれたという意味で〕ブラフマー神（梵天《ぼんてん》）の親族でありました。〔ところが、〕その〔私〕は、今は〔真の〕バラモンであります。〔私は〕、三つの明知を具《そな》え、〔バラモンの聖典である〕ヴェーダに通じた〔真の〕ヴェーダ学者であり、〔真の〕沐浴者《もくよくしや》であります」（二九〇）

チャーパー尼〔の詩〕

〔かつての夫であったウパカが言いました。〕「かつて、私は杖を手に持つもの〔修行者〕でした。その〔私〕は、今は猟師です。欲望という恐ろしい泥沼から〔抜け出して〕向こう岸〔彼岸《ひがん》〕に渡ることができません。（二九一）

チャーパーは、私が〔彼女に〕心底、夢中になっていると思いながら、子どもをあやしていました。私は、チャーパーからの束縛を断ち切って、もう一度、出家することにしよう」（二九二）

〔私は、言いました。〕「偉大なる勇者よ。私を怒らないでください。偉大なる聖者よ。私を怒らないでください。怒りに支配された人には、清らかさがありません。いかなる理由で苦行なんですか？」（二九三）

〔ウパカが言いました。〕「私は、ナーラー〔村〕から[5]出て行きます。だれが、このナーラー村に住むものですか。〔この村では〕女たちが、真理に基づいて生きる修行者たちを容色で束縛します」（二九四）

〔私は、ウパカに言いました。〕「いらっしゃい。カーラ〔黒い色の人〕よ。戻ってきてください。以前のように、あなたは欲することを満喫してください。私も、私の親族である人たちも、あなたのおっしゃる通りにいたしましょう」（二九五）

〔ウパカが言いました。〕「チャーパーよ。〔あなたが言った〕その四分の一だけでも、

あなたの言う通りであるならば、あなたに魅せられた男にとって、それは実に有り難いことです」（二九六）

〔私は言いました。〕「カーラよ。山の頂上で枝を伸ばして花を咲かせている〔アカシアの一種の〕タッカーリ樹のように、花を付けた柘榴《ざくろ》の樹の小枝のように、洲《す》の中に生えているパータリ樹のように、（二九七）

手足に黄色い栴檀香《せんだんこう》を塗って、〔織物の都〕カーシー国で作られた最上の服を着て、容色をそなえた、その私を捨てて、あなたは何のために出ていかれるのですか？（二九八）

捕鳥者は鳥をつかまえることを望むものですが、あなたは魅力的な姿をもって、捕鳥者がするようには、私をとらえることをなそうとはされないのですね。（二九九）

カーラよ。〔私たちの愛の〕結果としての私のこの子どもは、あなたが産ませました。子どもを抱えたその私を捨てて、あなたは何のために出ていかれるのですか？」（三〇〇）

〔ウパカが言いました。〕「智慧を具えている人々は、〔まずは〕子ども、その次に親族、その次に財産を捨てます。偉大なる勇者たちは、象が、繋《つな》ぎ止められた綱を断ち切るように、〔束縛を断ち切って〕出家するのです」（三〇一）

〔私は、言いました。〕「今、私は、あなたのこの子どもを杖〔で殴《なぐ》る〕か、小刀〔で

突き刺す〕かして、地面に倒します。〔そうすれば、〕息子のことを憂えて、あなたは行かないでしょう」　（三〇二）

〔ウパカが言いました。〕「卑しい女よ。たとえ、あなたが、子どもをジャッカルや犬に与えるとしても、子どもを作った女よ、あなたは再び私〔の思い〕を覆《くつがえ》させることはないのだ」　（三〇三）

〔私は言いました。〕「ああ、今となっては、あなたに幸いあれ。カーラよ。あなたはどこへ行かれるのですか？　村、町、市、王都のいずこでしょうか？」　（三〇四）

〔ウパカが言いました。〕「かつて、私たちは、〔修行者の〕集まりの長であって、〔真の〕修行者ではないのに、〔真の〕修行者であるという慢心がありました。村から村へ、また市の中や、もろもろの王都に向かって巡り歩きました。　（三〇五）

〔ところが今、〕実にこの世尊であるブッダが、ネーランジャラー河〔尼蓮禅河《にれんぜんが》〕〔の畔《ほとり》〕に入られて、人々にあらゆる苦しみを断つための真理の教え〔法〕を説いておられます。私は、その〔ブッダ〕の面前にまいりましょう。その〔ブッダ〕は、私の師となってくださるでしょう」　（三〇六）

〔私は言いました。〕「では、この上ない世界の保護者〔であるブッダ〕に〔私の〕敬意を告げてください。右廻り〔に回る礼[6]〕をなして、施物《せもつ》を差し上げてください」　（三〇七）

〔ウパカが言いました。〕「チャーパーよ。あなたが語るそのことは、実にそのまま、私に可能なことです。では、私は、この上ない世界の保護者にあなたの敬意を告げましょう。右廻り〔に回る礼〕をなして、私は施物を差し上げましょう」（三〇八）

その後、カーラは立ち去って、ネーランジャラー河〔の畔《ほとり》〕に入りました。その〔カーラ〕は、完全に覚っておられる人（ブッダ）が不死の境地について説いておられるところを見ました。（三〇九）

〔すなわち、〕①苦しみと、②苦しみの生起と、③苦しみの克服と、④苦しみの滅尽に導く聖なる八つの項目からなる道（八正道）――〔を説いておられました〕。（三一〇）

〔カーラは、〕その〔ブッダの〕両足に〔自分の頭をつけて〕敬礼して、その〔ブッダ〕に右廻り〔に回る礼〕をなして、チャーパーのために〔施物を〕差し上げてから、出家して、家のない状態になりました。〔カーラは、〕三種の明知を得たのです。〔カーラは、〕ブッダの教えをなし遂げました。（三一一）

スンダリー尼〔の詩〕

〔私の父であるバラモンのスジャータが、ヴァーセッティー尼に言いました。〕「尊師よ。あなたは、かつて〔子どもを亡くし、〕亡くなった子どもたちを〔動物に〕食べさせながら[7]、あなたは、昼といい夜といい大変に嘆き悲しんでいました。（三一二）

バラモンの女であるヴァーセッティーよ。そのあなたは今、〔亡くなった〕七人の子どもたちすべてを〔動物に〕食べさせていながら[8]、いかなる理由で激しく嘆き悲しむことがないのですか?」 (三一三)

〔ヴァーセッティー尼が答えました。〕「バラモンよ。私とあなたの過去の生存において、私の幾百人もの多くの子どもたちや、幾百人もの親類の人たちが〔亡くなった後、動物に〕食べられました。 (三一四)

その私は、生と死から出離することについて知ったので、私は憂うこともなく、泣くこともなく、嘆き悲しむこともありません」 (三一五)

〔父のスジャータが言いました。〕「ヴァーセッティーよ。あなたは、実に驚くべきこれほどの言葉を語りました。あなたは、だれの教え(法)を心得て、これほどの言葉を語るのですか?」 (三一六)

〔ヴァーセッティー尼が言いました。〕「バラモンよ。この完全に覚られた人(ブッダ)は、ミティラー市に入られて、人々にあらゆる苦しみを断つための真理の教え(法)を説いておられます[9]。 (三一七)

バラモンよ。私は、その尊敬されるべき人(ブッダ)の〔説かれた、迷いの〕生存に結びつける素因を滅する教えを聞いて、その時、正しい教えを了知し、〔亡くなった〕子どもたちに対する憂いを除くことができました」 (三一八)

〔父のスジャータが言いました。〕「この私もまた、ミティラー市にまいりましょう。きっと、その世尊は、あらゆる苦しみから私を解放してくださるでしょう」（三一九）

バラモン〔のスジャータ〕は、解《げ》脱《だつ》して、〔迷いの〕生存に結びつける素因を滅しておられるブッダを見ました。苦しみの向こう岸に到達された聖者は、その〔スジャータの〕ために真理の教えを説かれました。（三二〇）

〔すなわち、〕①苦しみと、②苦しみの生起と、③苦しみの克服と、④苦しみの滅尽に導く聖なる八つの項目からなる道（八正道）——〔を説かれました〕。（三二一）

スジャータは、その時、正しい教え（正法）を知り、出家することに同意しました。〔スジャータは、それから〕三夜の後に、三種の明知を獲得しました。（三二二）

〔スジャータは、自らの御者《ぎょしゃ》に言いました。〕「御者よ。いらっしゃい。あなたは、〔戻って〕行って、この車を返しなさい。バラモンの女に『健康であれ！』とあいさつして、『バラモンのスジャータは、今、出家して、三夜の後に、三種の明知を獲得しました』と伝えるがよい」（三二三）

その後、御者は、車と金千両を持って〔戻り〕、バラモンの女に「健康であれ！」とあいさつして、「バラモンのスジャータは、今、出家して、三夜の後に、三種の明知を獲得しました」と伝えました。（三二四）

〔私の母が言いました。〕「御者よ。私は、バラモンが三種の明知を獲得したことを聞いたので、この馬も車も金千両も、水で満たされた鉢もあなたにあげましょう」

（三三五）

〔御者が言いました。〕「バラモンの夫人よ。馬も車も金千両も実にあなたの所有となるべきです。私もまた、最も勝れた智慧を具えた人の面前で出家しましょう」

（三三六）

〔母が私に言いました。〕「スンダリーよ。あなたの父は、象、牛、馬、そして宝石やイヤリング、この裕福な家の資産を捨てて、出家されました。あなたが、〔これらの〕財物を享受するがよい。あなたは、〔この〕家における〔財産〕相続人なのです」

（三三七）

〔私は、ヴァーセッティー尼に言いました。〕「私の父は、子どもの〔死の〕悲しみに悩まされて、象・牛・馬と、宝石やイヤリングと、素晴らしいこの家の資産とを捨てて、出家しました。私もまた、兄弟の〔死の〕悲しみに悩まされて出家するでありましょう」

（三三八）

〔ヴァーセッティー尼が言いました。〕「スンダリーよ。あなたが望むところ、あなたのその思いが実現しますように。残りものの托鉢食《たくはつじき》や、落ち穂、ぼろ布を縫い合わせた衣（糞掃衣《ふんぞうえ》[10]）、法衣《ほうえ》——これらを得ながら、〔あなたは、〕来世において煩悩（漏《ろ》）のないものとなるでありましょう」

（三三九）

〔私は、ヴァーセッティー尼に言いました。〕「高貴なる女《ひと》よ。まだ出家を許されていない見習いの尼僧である私のあらゆるものを見通す眼（天眼）が浄められました。

〔それによって〕私は、私が過去に住んでいた前世の暮らしを知りました。（三三〇）

善良なる女《ひと》よ。長老の尼僧たちの集いのなかで輝かしい女性よ。あなたのおかげで、〔私は〕三種の明知を得たのです。〔私は〕ブッダの教えをなし遂げました。（三三一）

高貴なる女《ひと》よ。私をお許しください。私はサーヴァッティー市（舎衛城《しゃえいじょう》）[11]に行きたいのです。最も勝れたブッダの眼前で獅子吼《ししく》をなすでありましょう」（三三二）

〔ヴァーセッティー尼が言いました。〕「スンダリーよ。黄金の色で金色の皮膚をされた師（ブッダ）に見《まみ》えるがよい。〔その人は、〕調練されていない人を調練する人（調御《じょうご》丈夫《じょうぶ》）で、完全に覚っておられる人で、どこにも恐怖のない人です」（三三三）

〔ヴァーセッティー尼が、ブッダに言いました。〕「スンダリー尼がやって来るのをご覧ください。解脱していて、〔迷いの〕生存に結びつける素因を滅していて、渇愛《かつあい》を離れ、束縛を断ち、なすべきことをなし終え、煩悩のない女《ひと》を〔ご覧ください〕」（三三四）

〔私は、ブッダに申し上げました。〕「ヴァーラーナシー（ベナレス）から出発して、あなたのところにまいりました。偉大なる勇者よ。あなたの弟子であるスンダリーは、〔あなたの〕両足に〔頭をつけて〕敬礼いたします。（三三五）

バラモンよ。あなたはブッダであり、あなたは師であります。〔私は〕あなたの娘であり、〔あなたの〕口から生まれた実子です。〔私は、〕なすべきことをなし終え、煩悩はありません」
（三三六）

〔ブッダがおっしゃいました。〕「賢い女《ひと》よ。そのあなたは、よくいらっしゃいました。それ故に、あなたは悪《あ》しく迎えられるはずがありません。心を調え、師の両足に〔頭をつけて〕敬礼し、情欲がなく、〔煩悩に〕結ばれているのを断ち、なすべきことをなし終え、煩悩のない女《ひと》たちは、実にこのように、やって来るのです」
（三三七）

鍛冶屋《かじや》の娘・スバー尼〔の詩〕

〔私は言いました。〕「かつて、〔私は〕若くて、清らかな衣服を身に着けていましたが、真理の教えを聞いて、その私は、怠ることなく努力精進《しょうじん》したことによって、〔四つの聖なる〕真理（四聖諦《ししょうたい》）を証得しました。
（三三八）

それ以後、私は身を飾ることに対するすべての欲望に不快感を覚えるようになりました。この身体において恐怖心を見て、実に俗世間から出離することを熱望いたしました。
（三三九）

私は、親族の人たちや奴僕《ぬぼく》や雑役夫たち、繁栄していて楽しくて喜ぶべき村や田んぼ、さらには多くの財産を捨てて、出家しました。

（三四〇）

このように、たくみに説かれた正しい教え（正法《しょうぼう》）に対する信仰によって、私は、出家しました。金や銀を捨てておきながら、再び〔それが〕戻ってくることを願うならば、私にとって、それは適切なことではありません。実に無所有であることこそ、私が希求していることです。（三四一）
銀であれ、金であれ、覚りを得るためには無用なものであり、心の静まりに到るのに役に立ちません。これは、修行者にとって適切なものではないし、これは、聖者たちにとっての財産でもありません。（三四二）
これは、〔人に〕貪りを求めさせるものであり、酔わせるものであり、愚かにするものであり、汚れ（塵《じん》）を増大させるものです。疑念をもたらし、多くの苦しみを生み出すものです。ここには、恒久的なものも、安定したものも存在しません。（三四三）
人々は、これに熱中し、放縦になって、心が汚れてしまい、互いに反目しあって、個々に争論を繰り広げるのです。（三四四）
もろもろの欲望に陥った人たちには、殺害や、捕縛、苦悩、損害、憂いと悲しみといった多くの災厄《さいやく》が見られます。（三四五）
親族の皆さん。その私に対して、どうしてあなたがたは、あたかも敵であるかのように、もろもろの欲望に私を繋ぎ止めようとなさるのでしょうか？　私が、もろもろの欲望に恐怖を見て、出家したということを知ってください。（三四六）

もろもろの煩悩（漏）は、金貨や黄金によって滅尽されるのではありません。もろもろの欲望は、敵であり、殺害者であり、仇敵《きゅうてき》であり、〔心に突き刺さる〕矢や、縛るものです。（三四七）

親族の皆さん。その私に対して、どうしてあなたがたは、あたかも敵であるかのように、もろもろの欲望に私を繋ぎ止めようとなさるのでしょうか？　私は、出家して頭を剃髪《ていはつ》し、大衣《だいえ》を身に着けていることを知ってください。（三四八）

残りものの托鉢食や、落ち穂、ぼろ布を縫い合わせた衣（糞掃衣）、法衣――これこそが、家なき人の依《よ》り所《どころ》であり、私に適切なものなのです。（三四九）

天上界のものであれ、人間界のものであれ、もろもろの欲望は、偉大なる仙人たちによって吐き捨てられました。それら〔の偉大なる仙人たち〕は、安穏の境地において解脱しています。彼らは、揺るぎない安楽に達しています。（三五〇）

もろもろの欲望に、救いは見出《みいだ》されません。そのもろもろの欲望と、私が、一緒になることがありませんように。もろもろの欲望は、敵であり、殺害者であり、炎の集まりのように苦しみです。（三五一）

この貪りは、障害であり、恐怖のつきまとうもので、困惑を伴った、棘《いばら》のあるものです。これは、極めて正常なものではなく、〔人を〕愚かならしめる大きな発端となるものです。（三五二）

盲目となっている愚かな凡人たちは、もろもろの欲望を大いに喜んでいますが、もろもろの欲望は、蛇の頭に譬《たと》えられ[12]、恐ろしい姿をした禍《わざわい》であります。（三五三）

世間において、実に多くの人々は、欲望という汚泥《おでい》にとらわれていて、無智であり、生と死の究極を知りません。（三五四）

人々は、欲望を原因として悪しき生存状態に到り、自分自身に病をもたらす実に多くの道を突き進んでいます。（三五五）

このように、もろもろの欲望は、敵を生み出すもとであり、過熱して苦しめるものであって、〔心を〕汚すものであり、世俗的な快楽であり、束縛するものであり、死に結びつけるものです。（三五六）

もろもろの欲望は、〔人を〕狂気に酔わせるものであり、幻想をあおるものであり、心を悩乱させるものです。生きとし生けるものたちを汚すために、悪魔は速やかに〔その〕網にかけるのです。（三五七）

もろもろの欲望は、無限の禍をもたらし、多くの苦しみを生じ、大いなる毒があり、楽しさの味わいがわずかです。もめ事を引き起こすものであり、白い半月《はんつき》（新月から満月までの日々明るくなる半月間）の明るさを弱めるものです。（三五八）

その私は、欲望を原因とするこのような災厄をなした後で、再びその〔災厄をなすこと〕に戻ることはないでありましょう。〔今、私は、〕常に安らぎ（涅槃《ねはん》）を喜んでいます。

私は、清涼となることを願っていて、もろもろの欲望との闘いをなして、それらの〔欲望の〕束縛を滅尽したところで、〔放逸であることなく〕努力精進を怠ることなく過ごしましょう。（三五九）

憂いなく、汚れ（塵）を離れて、安穏な、聖なる八つの項目からなる正しいその道（八正道）に随順してまいります。その〔道〕によって、偉大なる仙人は、〔もろもろの欲望を〕超えられたのです」（三六〇）

〔ブッダが言われました。〕「真理の教え（法）に住しているこの鍛冶屋《かじや》の娘であったスバー〔尼〕を見るがよい。〔彼女は、もろもろの欲望に対して〕揺るぎない〔境地〕に達していて、樹木の根もとで瞑想《めいそう》をしています。（三六一）

今日《きょう》は、〔半月のうちの〕八日目です。〔スバー尼は、真理にわが身を置くという〕信仰心があり、出家して、正しい教えによって〔名前の通りに〕輝いています。ウッパラヴァンナー（蓮華色《れんげじき》）尼によって導かれ、三つの明知を具えていて、死神を撃退しています。（三六二）

この尼僧は、〔もろもろの束縛から〕自由になっていて、負債もなく、もろもろの感覚器官の働きを修していて、あらゆる束縛を断っています。〔スバー尼は、〕なすべきことをなし終え、煩悩はありません」（三六三）

生きとし生けるものの主《あるじ》であるサッカ〔帝釈天〕は、神通力によって、神々の集団とともにその鍛冶屋の娘のスバー〔尼〕に近づいて、敬礼しました。〔三六五〕

〔以上で〕「二十の偈からなる詩の章」を終わります。

第十四章　三十の偈からなる詩の章

ジーヴァカ（耆婆《ぎば》）[1] の所有するマンゴー林に住むスバー尼〔の詩〕

〔名医で名高い〕ジーヴァカの楽しいマンゴー林に向かっている尼僧のスバー尼を、一人の悪者が遮《さえぎ》りました。[2] スバー尼は、その〔悪者〕に対して次のことを言いました。（三六六）

「あなたは、立ちはだかって私〔の行く手〕を遮っておられますが、私は、あなたに何か悪いことをしたのでしょうか？[3] 友よ。男の人が、出家した女性に接触することは実に適切なことではありません。（三六七）

私の師の厳格な教えには、人格を完成された人〔であるブッダ〕の説き示された学ぶべきことがあります。完全に浄《きよ》められた境地にあって、汚れのない私〔の行く手〕を、あなたは、どうして立ちはだかって遮っておられるのですか？（三六八）

心の濁った男性が濁りのない女性に対して、塵《ちり》のある男性が塵も汚れもない女性に対して、どうしてあなたは、あらゆる点において心が解脱《げだつ》している私〔の前〕に立ちは

だかって〔行く手を〕遮っておられるのですか?」　（三六九）

〔男が言いました。〕「あなたは、若くて汚れていない。あなたの出家が何になるのでしょうか?　薄汚れた色の衣を脱ぎ捨てて、いらっしゃい。花が咲き誇る林の中で楽しみましょう。　（三七〇）

共に高く伸びたもろもろの樹木は、花粉とともに、蜜のように甘い香りを遍《あまね》く漂わせています。初春は、楽しい季節です。いらっしゃい。花が咲き誇る林の中で楽しみましょう。　（三七一）

頂に花を咲かせている木々は、風に吹かれて、さえずるように音を立てています。もしも、あなたが一人で林の中に入っていったとして、あなたにとってどのような楽しいことがあるのでしょうか?　（三七二）

猛獣が群れをなして出没し、恋に狂った牡《おす》の象が暴れ回り、牝《めす》の象が動揺して騒然となる、人影もなく寂しい、恐るべき広大な林に、あなたは女性の同伴者もなく〔ただ一人で〕入ることを望んでおられる。　（三七三）

あなたは、光り輝く金属で作られた人形のように、〔天上界の〕チッタラタ庭園の仙女のように、歩き回っておられます。比類なき〔美しい〕女《ひと》よ。カーシー国製の繊細で妙《たえ》なる衣服〔を着ること〕によって、あなたは美しく輝くでしょう。　（三七四）

もしも、あなたが森林の中に住もうと望まれるならば[4]、私は、あなたのおっしゃる通りになりましょう。〔妖精の〕キンナリーよ。温和な眼《まなこ》を持つ女《ひと》よ。私にとって、あなたよりも愛すべき人は実に存在しないのです。（三七五）

もしも、あなたが私の言う〔通りの〕ことを実行してくださるならば、〔あなたは〕幸せになるでしょう。いらっしゃい。〔無風で〕安全な御殿《ごてん》に住む女《ひと》として、〔在家となって、〕家に住んでください。侍女たちに、あなたのための身の回りの世話をさせましょう。（三七六）

カーシー国製の繊細な〔衣服〕を着てください。花環《はなわ》や脂粉《しふん》、口紅を付けてください。私は、黄金、宝石、真珠など多くの種々の装飾品をあなたのために作りましょう。（三七七）

よごれをよく洗い清めた覆いがかけられていて、美しい毛氈《もうせん》のマットレスが敷かれた、〔香木の〕栴檀《せんだん》で装飾され、樹心から芳香の漂う、新しい、高価な寝台にのぼって〔休んで〕ください。（三七八）

水から突き出した青睡蓮の花に、人間ならざるもの〔である水の精〕たちが親しみ集まるように、清らかな行ないの女《ひと》よ、そのようにあなたも、自分の五体において老いが進行するでしょう」（三七九）

〔スバー尼は言いました。〕「あなたは、この〔身体における〕本質を何だと考えておられるのでしょうか？　身体は、壊滅する性質を持ち、〔亡くなれば墓地に〕死骸《しがい》が充満して、死骸を放置する場所を増大させざるを得なくするものです。その〔身体〕を見て、あなたは放心状態になって〔私を〕見ておられます」（三八〇）

〔男が言いました。〕「あなたの眼は、山の中の牝鹿《めじか》〔の眼〕のようであり、また〔妖精の〕キンナリー〔の眼〕のようです。あなたの眼を見てからというもの、私にとって愛欲を楽しむ思いがさらに強くなりました。（三八一）

青睡蓮の花の蕾《つぼみ》に似ている、黄金のような汚れのない顔の中にあるあなたの眼を見てからというもの、私の愛欲の本性はますます強くなりました。（三八二）

たとえ、〔あなたが〕遠くへ行ってしまっても、私は〔あなたのことを〕思い続けます。[5]長い睫毛《まつげ》を持つ女《ひと》よ。清らかに見る〔眼を持つ〕女よ。実に私にとってあなたの眼よりも愛すべきものは存在しないのです。〔妖精の〕キンナリーよ。温和な眼を持つ女《ひと》よ」（三八三）

〔スバー尼は言いました。〕「ブッダの娘〔である女性の仏弟子〕を〔自分のものにすることを〕求めているあなたは、誤った道を行くことを求めています。〔それは、〕月を玩具《おもちゃ》にしたいと思い、メール山（須弥山《しゅみせん》）[6]を跳び越えたいと考えるようなものです。（三八四）

私にとって、神々に伴われた世間には、情欲は実に存在しません。今や〔情欲の対象となる〕ものも、どこにもありません。また、私は、その〔情欲〕がいかなるもので

あるのか知りません。〔ブッダの説かれた〕道によって〔情欲の〕根源が絶やされているのです。（三八五）

〔それは、灼熱《しゃくねつ》した〕炭火の坑《あな》が打ち捨てられるようなものであり、[7]毒の入った器〔の正体〕が眼の前に現わされたようなものです。また、私は、その〔情欲〕がいかなるものであるのか知りません。〔ブッダの説かれた〕道によって〔情欲の〕根源が絶やされているのです。（三八六）

〔世間には、未《いま》だ真理を〕省察していない女《ひと》、あるいは師に仕えたことのない女[8]がいるでしょう。あなたは、そのような女を誘惑してください。その〔あなた〕が、見識ある女を〔誘惑しても、〕その女に悩まされることでしょう。（三八七）

罵《ののし》られようが、尊敬されようが、また楽しい時であれ、苦しい時であれ、〔心を堅固《けんご》にたもっている〕私の一念は、確立しています。形成されたものは、不浄であると知ってから、〔私の〕心は、あらゆる点で汚されることはありません。（三八八）

その私は、人格を完成された人〔であるブッダ〕の女の仏弟子であり、八つの項目からなる道〔八正道〕という乗り物に乗って行く女です。〔心臓に刺さった〕矢が引き抜かれていて、〔私には、〕煩悩がありません。私は、〔だれも住んでいない〕空き家に行って、〔二人で〕楽しみます。（三八九）

私は、きれいに彩色された人形と、新しい木製の操《あやつ》り人形を見ました。紐《ひも》と釘《くぎ》で繋《つな》ぎ

止められ、種々に踊らされていました。　（三九〇）

その〔操り人形〕から紐と釘が引き抜かれ、分解されて、欠けたものとなり、バラバラになって、部品の断片になってしまったら、その時、〔それらの断片の〕どこに心をとどめたらいいのでしょうか？　（三九一）

〔操り人形の〕その譬喩《ひゆ》のように、この身体は、これらの事物に依《よ》ることがなければ、存在しません。[9]〔この身体は、これらの〕事物に依ることがなければ、存在しない〔というのであれば〕、その時、どこに心をとどめたらいいのでしょうか？　（三九二）

壁に黄色い顔料で美しく描かれている〔絵〕を見た〔時の〕ように、あなたは、その〔身体〕に顛倒《てんとう》した考えをなしました。人の智慧《ちえ》など、無益なものです。　（三九三）

盲目の人よ。眼の前に現わされた幻術のように、夢の中で〔見た〕黄金の樹木のように、人々の中で行なわれる影絵[10]〔の芝居〕のように、あなたは、〔実体のない〕空虚なものに向かって、ひた走っているのです。　（三九四）

〔眼は、〕穴蔵に覆われた[11]球体のようなものです。〔その〕中に水泡（液体）が詰まっていて、涙を伴って、そこに目やにも生じます。種々の種類の眼が球体となって生じているのです」　（三九五）

見目《みめ》麗《うるわ》しく、心に執着のない〔スバー尼〕は、〔片方の眼を〕抉《えぐ》り出して、退くことはありませんでした。「〔そんなに私の眼に魅せられたというのなら、〕さあ、あなた

のためのこの眼を持って行ってください」〔と言うと、〕速やかにその〔眼〕をその男に与えました。（三九六）

すると、その男の愛欲の思いは、直ちに消え失《う》せました。そして、その〔スバー尼〕に許しを乞いました。「清らかな行ないの女《ひと》よ。安穏でいらしてください。このようなことは、二度といたしません。（三九七）

燃え盛る火を抱くように、毒蛇を手でつかむように、私は、これほどの人を妨害してしまった。あなたは、安穏でいらしてください。そして〔私を〕お許しください」[12]（三九八）

その尼僧は、その〔男〕から解放されて、最も勝《すぐ》れた〔人である〕ブッダのもとへと行きました。〔ブッダの〕最も勝れた福徳を具《そな》えている相を見て、〔スバー尼の〕眼は元の通りになりました。（三九九）

〔以上で〕「三十の偈からなる詩の章」を終わります。

第十五章　四十の偈からなる詩の章

イシダーシー尼〔の詩〕

醍醐味《だいごみ》のように最高の地である、〔パータリーという〕花の名前にちなむ都城のパータリプッタに、サキャ（釈迦）族の家系に属する、徳を具《そな》えた二人の尼僧がいました。（四〇〇）

そのうちの一人はイシダーシーであり、二人目はボーディーと言います。〔その二人は、〕戒を具足し、瞑想《めいそう》を行なうことを楽しみ、博識（多聞《たもん》）であり、煩悩を除き去っています。（四〇一）

その〔二人〕は托鉢《たくはつ》に出向いた後で、食事[1]を済ませると、鉢を洗って、〔人けのない〕寂しいところに安坐《あんざ》して、次の言葉を語り合いました。（四〇二）

〔ボーディー尼が尋ねました。〕「高貴なる女《ひと》、イシダーシー尼よ。あなたは端正で、衰える年代でもありません。いかなる皺《しわ》〔のような禍《わざわい》〕を認めて、出離することを実行されたのでしょうか？」（四〇三）

このように〔出離して後、人けのない〕寂しいところで専修しているそのイシダーシー尼は、説法《せっぽう》が巧みであり、次の言葉を語りました。

「ボーディー尼よ。私がどのように出家したのかを聞いてください。（四〇四）

最も勝《すぐ》れた都であるウッジェーニーにおいて、私の父は徳行の篤《あつ》い長者でした。私は、その〔父の〕愛すべき、意に適《かな》った一人娘で、慈《いつく》しまれていました。（四〇五）

ある時、サーケータから求婚者が私のところへやって来ました。多くの財宝[2]を持つ最高の家柄の長者です。父は、その人の嫁に私を与えました[3]。（四〇六）

私は、夕方と早朝には、姑《しゅうとめ》（義母）と舅《しゅうと》（義父）にあいさつをしに近づいて、実に教えられた通りに、〔それぞれの〕両足を頭〔に押し頂くこと〕によって敬礼をなしました。（四〇七）

私の夫の姉妹たちや、兄弟の従者である人たち、その一人を見ただけでさえも、私は怖《お》じ恐れて、座席をその人に譲りました。（四〇八）

また私は、〔人々を〕導いてきて、適切なものを、適切な人に施し、そこに貯蔵されている食べ物や、飲み物、固い食べ物によって喜ばせました。（四〇九）

適時に〔朝早く〕起きて、〔夫の〕家屋に行き、敷居のところで手足を洗って合掌して、夫に近づきました。（四一〇）

櫛《くし》と、装身具[4]、目薬、鏡を、まさに自ら手に取って、身づくろいをする婢女《はしため》のよう

に夫〔の身〕を飾り立てました。（四一一）

私は、まさに自分でご飯を炊き、まさに自分で食器を洗いました。あたかも一人息子に対する母親のように、私は夫に仕えました。（四一二）

このように、〔夫に〕献身的に服従し、愛することを[5]なして、おごり高ぶる心を打ち破り、〔朝早く〕起きて、怠けることなく、〔妻としての〕徳を身に付けていましたが、夫はこの私を憎みました。（四一三）

その〔夫〕は、母と父に話をしました。『お許しください。私は、〔この家を〕出て行きます。私は、一つの家の中でイシダーシーと一緒に住みたくありません[6]』と。（四一四）

〔夫の親が言いました。〕『息子よ。そのようなことを言ってはいけません。イシダーシーは、賢くて、明敏で、〔朝早く〕起きて、怠けることはありません。息子よ。あなたにとって何が意に沿わないのですか？』（四一五）

〔夫が言いました。〕『彼女は、決して何も私を害することはありません。けれども、私はイシダーシーと一緒に住みたくないのです。嫌な女は、私にはもうたくさんです。私をお許しください。私は、〔この家を〕出て行きます』（四一六）

その〔息子の〕言葉を聞いて、姑〔義母〕と舅〔義父〕は、私に尋ねました。『あなたは、どんな過《あやま》ちを犯したのですか？　安心して、ありのままに言ってごらんなさい』

〔私は答えました。〕『私は、決して何も罪を犯していません。〔夫を〕害することもなければ、〔夫の欠点を〕数え上げることもしていません。夫が私を憎んでなすところの悪言を、どうして私がなすことができましょうか？』 （四一七）（四一八）

その〔姑と舅〕は、苦しみによって惑乱状態となり、私を父の家に連れ戻しました。[7]〔そして、言いました。〕『私たちは、息子を守りながら、何が何だか分からなくなりました。[8]〔人間の〕姿をして、〔幸福・美・富を司《つかさど》り、美女の代名詞として尊敬される女神の〕ラクシュミー（吉祥天《きっしょうてん》）に打ち負かされたのです』と。 （四一九）

その後、父は、〔最初の〕長者が〔妻として〕私を所有するのに支払った結納金《ゆいのうきん》の半分とともに、私を二つ目の裕福な名門の家に〔嫁として〕与えました。 （四二〇）

私は、その人の家にも一カ月の間、住みました。〔私はその人に〕婢女のように仕えながら、汚れもなく、戒めを持《たも》っておりました。けれども、その人もまた、私を放棄しました。[9] （四二一）

托鉢のために渡り歩いている〔自ら〕制御され、〔他者をも〕制御することのできる行者《ぎょうじゃ》に、私のその父は言いました。『あなたは、私の娘の婿《むこ》になってください。ぼろ布の衣と鉢を捨ててください』と。 （四二二）

その人もまた、半月の間、〔わが家に〕住んで後、父に言いました。『鉢と、ぼろ布の

衣と、飲料の器を返してください。私は、再び、托鉢に渡り歩きたいのです』（四二三）

そこで、私の父と母、そして親族の人たち一同すべてが、その人に言いました。『ここで、あなたのために何をなさないことがありましょうか？　あなたのためになすべきことを直《す》ぐに言ってください』と。（四二四）

このように言われて、その人は言いました。『もしも、私の自己〔があるべき状態になること〕が可能であれば、私には〔それで〕充分なのです。あなたは、一つの家の中で私がイシダーシーと一緒に住むことを欲しないでください[10]』と。（四二五）

その人は、追い出されて去って行きました。私も独りになって考え込みました。『許しを乞うて、死ぬために〔家を〕出て行こう。あるいは出家しよう』と。（四二六）

その時、高貴なる女《ひと》、ジナダッター尼が、〔托鉢に訪れるいつもの〕地域内を遍歴しながら、父の家にやって来られました。〔その方は、〕戒律を持ち、博識（多聞）で、戒を具足しておられました。（四二七）

その〔尼僧〕を見て、私は[11]、起《た》ち上がり、その〔尼僧〕のために座席を用意しました。席に着かれた〔尼僧〕の両足に敬礼して、食べ物を差し上げました。（四二八）

また私は、そこに貯蔵されている食べ物や、飲み物、固い食べ物によって満足させてから、言いました。『高貴なる女《ひと》よ。私は出家したいのです』と。（四二九）

すると、父が私に言いました。『娘よ。〔ブッダの説かれた〕その真理の教え〔法〕を実践するのは、〔家にいて〕ここでやりなさい。食べ物や、飲み物によって修行者〔沙門《しゃもん》〕[12]や再生族〔バラモン〕[13]たちを満足させるがよい』 (四三〇)

そこで、私は、泣きながらその〔父〕に向かって合掌して言いました。『私は、実に悪《あ》しき行ない〔悪業〕をなしてきました。私は、その〔悪業〕を滅尽させましょう』 (四三一)

すると、父は私に言いました。『覚りを得なさい。最高の真理を得るがよい。二本の足で歩くもののうちで最上の人〔両足尊《りょうぞくそん》〕〔であるブッダ〕が実証された安らぎ〔涅《ね》槃《はん》〕を得なさい』 (四三二)

私は、母と父、および親族の人たち一同すべてに敬礼して、〔出家しました〕。出家して七日目に私は、三種の明知を獲得しました。 (四三三)

私は、自分の〔過去の〕七回の生存について知りました。それは、その〔三種の明知を得たことの〕結果が熟した〔ことによる〕ものです。それについて、私はあなたに語りましょう。それを、心を一つにしてお聞きください。 (四三四)

私は、〔過去において〕エーラカカッチャという都で多くの財産を持つ金細工師でありました。その〔金細工師であった〕私は、若さの驕《おご》りで、他人の妻に狂って夢中になり、交わりをもちました。 (四三五)

その私は、それから死んで後、地獄において長い間、煮て苦しめられました。〔地獄での罪の〕報いが熟して〔終わると〕、そこから抜け出して、牝猿《めすざる》の母胎に入りました。（四三六）

誕生の儀式の七日目に、猿の群れのリーダーである大猿は、〔私を〕去勢しました。これは、他人の妻のところへ行って犯したその〔私の〕行ない（業）の報いのそのままです。（四三七）

それから、その私は死んで、シンダヴァの林の中で最期《さいご》を遂げ、片眼で片脚が不自由な牝山羊《めすやぎ》の母胎に入りました。（四三八）

私は去勢されて十二年の間、幼児たちを乗せて運んで回り、ウジ虫に悩まされて、病気になりました。〔これも、〕他人の妻のところへ行って〔犯した私の行ない（業）の報いの〕そのままです。（四三九）

それから、その私は死んで後、牛商人の牝牛《めうし》〔の母胎〕から生まれました。〔私は〕漆《うるし》のような赤銅色《しゃくどういろ》の仔牛《こうし》で、十二カ月経った時点で去勢されました。（四四〇）

私は、再び犂《すき》や、荷車を引かせられました。[14] 私は盲目となり、病気になりました。〔これも、〕他人の妻のところへ行って〔犯した私の行ない（業）の報いの〕そのままです。（四四一）

それから、その私は死んで後に、街道沿いの婢女の家に生まれましたが、まさに女でもなく男でもありませんでした。〔これも、〕他人の妻のところへ行って〔犯した私の行ない（業）の報いの〕そのままです。（四四二）

〔その時、〕三十歳の時点で死に、〔続いて、〕貧しく、財産が乏しくて、債権者に多くの負債を抱えている車引きの家に娘として生まれました。（四四三）

その後、〔債権者である〕隊商の持ち主は、〔わが家の〕利息が膨大に増加したことから、嘆き悲しんでいるこの私を高貴な家〔で下働きをさせる〕ために略奪して連れ去りました。（四四四）

すると、私が十六歳になった時点で、名はギリダーサという名前のその〔隊商の所有者の〕息子は、私が青春の娘盛りに達したのを見て、〔私を〕娶《めと》りました。（四四五）

その〔ギリダーサ〕には、〔私のほかに妻としての〕徳を身に付け、徳行を具え、有名で、〔夫から〕愛された妻がありました。私は、その〔妻の〕夫に憎悪をなしました。（四四六）

婢女のように尽くしていた私を、それら〔の夫たち〕が、見捨てて立ち去ってしまったこと、これは、その〔私の過去世の〕行ない（業）の報いです。〔けれども今、ブッダの教えをなし遂げて、〕私はそれを〔根絶し〕終了させました」（四四七）

〔以上で〕「四十の偈からなる詩の章」を終わります。

第十六章　長い偈からなる詩の章

スメーダー尼〔の詩〕

マンターヴァティーの都でコンチャ王の第一王妃にスメーダーという王女がありました。〔ブッダの〕教えを実践する〔修行者たちの導き〕によって〔晴れやかに澄み切った〕信仰心がありました[1]。　（四四八）

〔その王女は、〕徳を身に付け、弁舌に勝《すぐ》れ、博識（多聞《たもん》）であり、ブッダの教えにおいて教え導かれていました。〔王女は、〕母と父に近づいて、言いました。「お二人は、お聞きください。　（四四九）

私は、安らぎ（涅槃《ねはん》）を喜んでいますが、生存することを得ているものは、たとえ天上界〔の神々〕でさえも常住ではありません。ましてや、空虚で、楽しさを味わうことが乏しく、多くの悩みをもたらすもろもろの欲望は言うまでもないことです。　（四五〇）

愚かな人たちが夢中になるもろもろの欲望は、苦渋に満ちていて、毒蛇のようなもの

です。それらの〔愚かな〕人たちは、長い間、地獄に引き渡され、害され、苦しめられます。（四五一）

愚かな人たちは、常に身体と言葉と心〔の身《しん》・口《く》・意《い》の三業《さんごう》〕によって〔自己を〕制御することがなく、悪い行ないをなし、悪智慧《わるぢえ》に長《た》けていて、悪《あ》しき境遇（地獄）において悲しみます。（四五二）

それらの愚かな人たちは、悪智慧があり、思慮がなく、苦しみの生起によって抑圧されていて、〔人が〕教示しても知ることはなく、〔最高の目的に到達するための四つの〕聖なる真理（四聖諦《ししょうたい》）を覚ることがありません。（四五三）

母よ。それらの多くの人たちは、高貴なブッダによって説示された真理を知りません。〔迷いの〕生存を得たことを喜んでいて、〔神々のいる〕天上界に再生することを熱望しています。（四五四）

天上界における再生ですらも常住なものではなく、無常なる〔迷いの〕生存領域の範囲内にあります。それなのに、愚かな人たちは、〔無常なる迷いの生存領域に〕繰り返し繰り返し生まれなければならないことを恐れてもいません。（四五五）

〔地獄《じごく》・餓鬼《がき》・畜生《ちくしょう》・修羅《しゅら》からなる〕四つの〔落ち行くべき〕悪処と、〔人間界・天上界という〕二つの趣《おもむ》くところとは、何とかすれば得られるものです。けれども、〔落ち行くべき〕悪処に行ってしまった人たちに、もろもろの地獄において出家すること

はありえません。　（四五六）

十力[2]を具《そな》えておられる〔ブッダ〕の示された教えのもとで、私が出家することをお二人とも、お許しください。私は、貪り求めることがなく、生死《しょうじ》〔を繰り返す輪廻《りんね》〕を断つために、努力してまいります。　（四五七）

〔迷いの〕生存を得ていることや、堅実ではない不運な身体を持つ[3]ことを喜んで何になりましょうか？　〔迷いの〕生存の滅尽のために、お許しください。私は出家いたします。　（四五八）

もろもろのブッダが出現されました。〔ブッダに会うことのできない〕不運な時は回避されました。〔今や〕時宜《じぎ》を得たのです。私は、もろもろの〔仏教徒として守るべき〕戒めと、清らかな行ない（梵行《ぼんぎょう》）を生涯にわたって損なわないようにしましょう」　（四五九）

〔続けて、〕スメーダーは、次のように語りました。「母と父よ。〔私が〕在家者〔のまま〕であれば、食べ物を摂取することなく、死の支配下に趣くだけです」　（四六〇）

母は、苦しんで、泣きました。また父も、その〔スメーダーの話〕に[4]全く驚嘆してしまいました[5]。〔二人は、〕宮殿の屋上の床に倒れている〔王女〕に言い聞かせようと努めました。　（四六一）

「娘よ。起きなさい。悲しんでどうするのですか？　あなたは、〔嫁として〕与えられているのです。ヴァーラナヴァティー[6]〔の都〕のアニカラッタ王は、容貌の勝れた人です。その〔王〕に、あなたは〔妻として〕与えられています。（四六二）

あなたは、アニカラッタ王の妻として、第一王妃となるでありましょう。〔従って、〕娘よ。もろもろの〔仏教徒として守るべき〕戒めと、清らかな行ない〔梵行〕と出家の生活は、なし難いことなのです。（四六三）

王権には、命令権、財物、主権、もろもろの楽しみの受用があります。あなたは、若いのです。もろもろの愛欲の楽しみを享受するがよい。わが子よ。あなたは結婚するべきです」（四六四）

そこで、スメーダーは言いました。「そんなことになりませんように。〔迷いの〕生存にあることは、はかないものです。私には、出家か、さもなくば死があるのみで、結婚はありません。[7]（四六五）

不浄で、臭いを放っている、恐ろしい腐りゆく身体に、不浄なものが充満していて、いったん流れ出してしまった死体の革袋[8]に、何故に執着すべきでありましょうか。（四六六）

私は、〔身体について〕どのようなものであると、知っているのでしょうか？　肉と血で塗られた、ウジ虫の住家《すみか》であり、鳥の餌食《えじき》である、嫌悪すべき身体が、どうして〔私たちに〕与えられるのでしょうか？（四六七）

身体は、久しからずして意識がなくなり、死骸《しがい》を放置する所に運ばれて、嫌悪する親族によって木片のように捨てられてしまいます。（四六八）

他の〔動物の〕餌食として、その〔死体〕を死骸を放置する所に捨てて後に、〔人は死体を〕嫌悪しながら沐浴《もくよく》します。自分の母と父〔が亡くなった時もそうであり、〕ましてや一般の人々〔の場合〕はなおさらのことです。（四六九）

人々は、堅実でない、骨と筋の集合した、唾液《だえき》と涙と大小便に満ちた腐敗しゆく身体に執着しています。（四七〇）

その〔死体〕を解剖《かいぼう》[9]して、体内にあるものを外に取り出すならば、〔人々は、その〕臭いに耐えることができません。〔亡くなった人を〕生んだ母親でさえも、嫌悪するでしょう。（四七一）

〔身心を構成する五つの〕要素・〔六つの感覚器官とそれぞれの対象である知覚を成立させる十二の〕領域・〔十二の領域に六つの認識作用を加えた世界を在らしめる十八の〕範疇《はんちゅう》、〔すなわち五陰《ごおん》・十二入《じゅうににゅう》・十八界《じゅうはちかい》〕は、形成されたものであり、生まれることを根本としているのであり、苦しみであります。根源的に正しく考察する[10]ならば、私が何で結婚を願望するでしょうか。（四七二）

日に日に三百本の真新しい刀を〔私の〕身体に突き刺してください。〔このようにして〕百年の間続く殺害は、〔迷いの生存に伴う〕苦しみの滅尽〔をもたらすもの〕で

あり、より勝れています。（四七三）

『再三再四、苦悩させられているあなたたちにとって[11]、〔迷いの生存を繰り返す〕輪廻は長いものである』というこのような師の言葉を知る人は、〔刀を突き刺すことによる〕殺害に従うべきです。（四七四）

〔こうして〕天上界、人間界、畜生界、アスラ（阿《あ》修羅《しゅら》）[12]の集まり、餓鬼界、地獄界において、計り知れない衝撃的苦悩が見られます[13]。（四七五）

地獄においては、悪処に落ちてしまって、苦しんでいる人にとって、多く〔の衝撃的苦悩〕があります。天上界においても、〔そこに達することを〕得た人にとって、〔多くの衝撃的苦悩があります〕。安らぎ（涅槃）の楽しさよりも勝るものはないのです。（四七六）

十力を具えておられる〔ブッダの〕示された教えに専念し、貪り求めることがなく、生死〔を繰り返す輪廻〕を断つために、努力している人たちは、安らぎ（涅槃）に達しました。（四七七）

父よ。今日《きょう》こそ、私は出家いたします。堅実でない財物が何になるでしょう。私は、もろもろの欲望を、嘔吐《おうと》したものと等しく嫌悪して離れています。それは、ターラ樹の〔幹を切ると、〕根もとから駄目に〔なって再び芽が出てこなく〕なるのと同じようなものです」（四七八）

その〔スメーダー〕は、父に以上のように言いました。ところが、〔スメーダーが妻として〕与えられる相手のアニカラッタ〔王〕が、結婚するべく、予定されていた日に若者たちに伴われてやって来ました[14]。（四七九）

すると、スメーダーは黒く、豊かで、柔軟な髪を剃刀《かみそり》で切って、宮殿〔の扉〕を閉ざして、瞑想《めいそう》の第一段階に入りました。（四八〇）

その〔スメーダー〕がそこで瞑想に入ると、アニカラッタ〔王〕が都にやって来ました。スメーダーが無常の想いを修したのは、まさにその宮殿においてでした。（四八一）

その〔スメーダー〕が熟慮をなしていると、アニカラッタ〔王〕は、急いで〔宮殿に〕上ってきました。身体を宝石や黄金で飾っていて、合掌してスメーダーにお願いしました。（四八二）

「王権には、命令権、財物、主権、もろもろの楽しみの受用があります。あなたは、若いのです。もろもろの愛欲の受用を享受するがよい。この世において、愛欲の楽しみは極めて得難いのです。（四八三）

私は、王国を〔王妃としての〕あなたにお任せしました。もろもろの富を享受してください。〔人々への〕施しもなしてください。憂い悩むようなことがあってはなりません。あなたの母と父は、苦しんでおられます」（四八四）

実にもろもろの欲望を[15]求めることなく、もろもろの迷妄を離れているスメーダーは、その〔王〕に次のことを話しました。「もろもろの欲望を喜ぶようなことがあってはなりません。もろもろの欲望には、災厄《さいやく》があることを見てください。（四八五）

四大洲[16]の王マンダータルは、欲望を満喫する人の中の第一人者でしたが、満足することなく死に至りました。〔その〕欲求は満たされることはなかったのです。（四八六）

雨雲が、〔金、銀、瑪瑙《めのう》、瑠璃《るり》、真珠などの〕七つの宝を十方《じっぽう》に遍《あまね》く降らせたとしても、もろもろの欲望が満たされることはありません。人々は、実に満足することなく、死にます。（四八七）

もろもろの欲望は、刀と串に譬《たと》えられます。もろもろの欲望は、蛇の頭に譬えられます。〔それは、〕松明《たいまつ》に譬えられて、焼き焦がすものであり、骸骨《がいこつ》の集まりに似ていて、〔嫌悪すべきものです〕。（四八八）

もろもろの欲望は、無常なものであり、堅固《けんご》ではなく、多くの苦しみを生じ、大いなる毒があります。真っ赤に熱せられた鉄の球のように、禍《わざわい》の根源であり、苦しみという結果をもたらします。（四八九）

もろもろの欲望は、〔熟した〕木の果実のように[17]、また肉の塊のように、苦しみをもたらします。もろもろの欲望は、夢に似ていて、〔人を〕たぶらかすものであり、

借り物に似ています。　　（四九〇）

もろもろの欲望は、刀や串に譬えられ、病気であり、腫《は》れ物《もの》であり、罪であり、破壊です。〔灼熱《しゃくねつ》した〕炭火の坑《あな》に等しく、禍の根源であり、恐怖であり、殺害です。　　（四九一）

このように、もろもろの欲望は、多くの苦しみをもたらし、障害となるものだと説かれました。〔だから、〕出て行ってください。私自身にとって、〔迷いの〕生存を得ていることに信頼するものは何もありません。　　（四九二）

〔自分の〕頭が焼かれている時に、他者は、私自身のために何をしてくれるでしょうか？　老衰と死が跡を追ってきている時、それを打ち破るために努力するべきです」　　（四九三）

戸を開けてから、母と父、そしてアニカラッタ〔王〕が地面に坐って嘆き泣いているのを見て、この〔スメーダー〕は、次のことを言いました。　　（四九四）

「始まりを知ることのできない〔無始の輪廻〕において、父が死んだり、兄弟が殺害されたり、自分が殺害されたりしては、繰り返して嘆き泣いている愚かな人たちにとって、〔迷いの生存を繰り返す〕輪廻は長いものです。　　（四九五）

〔無始で〕始まりを知ることができないことから、〔これまでに流した〕涙と、〔これまでに飲んだ〕母乳と、〔これまで身に受けた〕血液〔の量〕と、迷いの生存を繰り返してきたこと（輪廻）に思いを巡らしてください。生きとし生けるものたちが輪廻を繰り返し、積み上げられた骸骨に思いを巡らしてください。（四九六）

〔無始以来、身に〕受けた涙と母乳と血液〔を集めると〕、四大海になることに思いを巡らしてください。〔一人が〕一劫《こう》[18]の間に得た骨の量は、ヴィプラ山に等しいことに思いを巡らしてください。（四九七）

始まりを知ることのできない〔無始の輪廻〕において、輪廻を繰り返している人のために、ジャンブー洲（閻浮《えんぶ》提《だい》）[19]の大地を例に挙げることができます。〔ジャンブー洲の大地を細かく分割して〕ナツメの種子の大きさほどの小さな球〔にしたとしても〕[20]、その数〕は、母からそのまた母[21]〔へとたどっていったすべての母の数〕には、及びません。（四九八）

父たちの〔系統をさかのぼっても、無始で〕始まりを知ることができないことから、〔ジャンブー洲のすべての〕草や木、枝や葉を例に挙げることに思いを巡らせてください。〔草や木、枝や葉を細かくして〕指四本分の幅の長さの棒〔にしたとしても、その数〕は、父からそのまた父〔へとたどっていったすべての父の数〕には、及びません。（四九九）

東の海において、盲目の亀が、反対側〔の西〕から〔流れて来たちょうどいい大きさの〕軛《くびき》の孔《あな》〔と遭遇し、その孔〕にその〔亀の〕頭を入れる――〔という譬え[22]〕に

思いを巡らせてください。これは、人間〔の身体〕を得ること〔の難しさ〕について譬えたものです。（五〇〇）

泡沫《ほうまつ》の集まりに譬えられる堅実ではない不運な身体の様相に思いを巡らせてください。〔身心を構成する色・受・想・行・識という五つの〕要素の集まりは無常であることを見てください。地獄における多くの苦悩に思いを巡らしてください。（五〇一）

〔無始の輪廻による〕それぞれの生涯において、繰り返して墓場を増大させていることに思いを巡らせてください。鰐《わに》の恐怖[23]に思いを巡らせてください。〔苦・集・滅・道の〕四つの〔聖なる〕真理〔四聖諦〕に思いを巡らせてください。（五〇二）

〔不死の飲み物である〕甘露《かんろ》が存在しているというのに、五種類の辛《から》い飲み物が、あなたにとって何の役に立つのでしょうか？　あらゆる欲望の楽しみは、五種類の辛い〔飲み物〕よりももっと辛いのです。（五〇三）

〔不死の飲み物である〕甘露が存在しているというのに、熱で〔焦がすように〕悩ませるもろもろの欲望が、あなたにとって何の役に立つのでしょうか？　実にあらゆる欲望の楽しみは、燃え立ち、煮えくり返り、怒りがこみ上げ、焼き焦がしています。（五〇四）

敵など存在していないというのに、多くの敵を生じるもろもろの欲望が、あなたにとって何の役に立つのでしょうか？　もろもろの欲望は、国王、火〔災〕、盗賊、水

〔害〕、あるいは憎しみを抱くものと共通していて、多くの敵を生じます。（五〇五）

解脱《げだつ》が存在しているというのに、殺しや、捕縛の伴うもろもろの欲望が、あなたにとって何の役に立つのでしょうか？　実に、もろもろの欲望には、殺しや、捕縛が伴っています。すべての種類の欲望を有する人たちは、もろもろの苦しみを受けるのです。（五〇六）

火の着いた草の松明は、〔それを手に〕持っている人を焼き焦がしますが、手放している人を〔焼き焦がすことは〕ありません。松明に譬えられるもろもろの欲望は、その〔欲望〕を手放さない人たちを焼き焦がすのです。（五〇七）

〔目先の〕些《さ》細《さい》な欲望の楽しみのために、広大な安楽を捨てるようなことがあってはなりません。大きな鱗《うろこ》を持つ鯉《こい》が釣り針を飲み込んで、後に苦しむようなことをなしてはなりません。（五〇八）

むしろ、まず、もろもろの欲望において〔自らを〕制御してください[24]。〔あなたは〕鎖につながれた犬のようなものです。飢えたチャンダーラ（旃陀羅《せんだら》）[25]たちが、犬を食べるように、もろもろの欲望はあなたを食べ尽くすでしょう。（五〇九）

もろもろの欲望に心を奪われているあなたは、際限のない苦しみと、多くの心の憂いを受けることになるでありましょう。空《むな》しい欲望を捨ててください。（五一〇）

不老が存在しているというのに、老いやすいもろもろの欲望が、あなたにとって何の

役に立つのでしょうか？　すべての生まれは、あらゆるところで死と病に捕らえられています。（五一一）

これは不老です。これは不死です。これは不老不死の境地です。憂いがなく、敵もなく、障害もなく、惑いもなく、恐怖もなく、苦悩もありません。（五一二）

この不死は、多くの人たちが証得したものです。今でも、正しく努める人はこの〔不死〕を獲得することができます。けれども、努力しない人はできません」（五一三）

もろもろの形成されたものの中に楽しみが得られるはずはなく、スメーダーは、以上のように語りました。スメーダーは、アニカラッタ〔王〕の理解を求めながら、〔切り取った自分の〕髪を地面に押しつけました。（五一四）

アニカラッタ〔王〕は、立ち上がって、合掌しながらその〔スメーダーの〕父にお願いしました。「スメーダーが出家することを許してやってください。〔スメーダーは、〕解脱の真理を見る女《ひと》です」（五一五）

〔スメーダーは、〕母と父の許しを得て、〔欲望のもたらす〕憂いと恐怖を恐れて出家しました。最高の結果について学ぶことによって、六種類の神通を獲得いたしました。（五一六）

稀有《けう》なことです。王女の〔得た〕その安らぎ〔涅槃〕は未曾有《みぞう》のものです。〔王女は、何度も繰り返してきた生存のうちの〕最後における前世の暮らしで行なったことを説いて聞かせました。

「〔過去から釈尊に至るまでに出現したとされる七人の仏の五番目の〕世尊であるコーナーガマナ〔仏〕（倶那含牟尼仏《くなごんむにぶつ》）[26]が、僧院の中の新しい住居に滞在しておられた時、三人の女の友だちである私たちは、精舎《しょうじゃ》を布施《ふせ》することをなしました。（五一七）

〔その結果、〕私たちは、神々の世界に十回、百回、千回、一万回も再生しました。ましてや、人間の中には言うまでもありません。（五一八）

神々の中にあって、私たちは大神力を得ていました。ましてや、人間の中にあっては言うまでもありません。私は、〔転輪聖王《てんりんじょうおう》[27]の〕第一夫人で、〔転輪聖王が所有するとされる〕七種類の宝[28]のうちの〈女人の宝〉でした。（五一九）

それが原因です。それが根源です。それが根本です。それが、教師の教えにおいて認知することです。それが、法を楽しむ人にとって、最初に帰着して得られる安らぎ（涅槃）なのです」（五二〇）

最高の智慧を持つ〔ブッダ〕の言葉を信ずる人たちは、このように語ります。それらの人たちは、〔迷いの〕生存を得ていることを嫌悪していて、〔それを〕嫌悪して汚れを離れます。（五二一）

〔以上で〕「長い偈からなる詩の章」を終わります。

〔以上で〕「テーリー・ガーター〔――尼僧たちのいのちの讃歌〕」を終わります。

注

第一章　一人ひとりの尼僧〈に対する一つの偈《げ》からなる詩の章〉

（1）**偈――gāthā.**　gāthā を音写したもので、偈陀《げだ》、伽陀《かだ》とも音写される。意訳して偈頌《げじゅ》。音節の数と、長母音・短母音の組み合わせによって構成される詩のこと。主な形式として、一つの偈が、八音節を四つ組み合わせたものからなるシュローカ、十一〜十二音節を四つ組み合わせたものからなるトリシュトゥブなどがある。本書では、それぞれの偈には通し番号がふられている。

（2）**解脱している――muttā.**　ムッター（muttā）という名前は、「脱する」という意味の動詞√muc の過去受動分詞 mutta の女性形であることから、釈尊は、その名前に込められた意味に基づいて激励をしている。

（3）**満たされている――puṇṇā.**　プンナー（puṇṇā）という名前は、「満たす」という意味の動詞√pṝ の過去受動分詞 puṇṇa の女性形であることから、釈尊は、その名前に込められた意味に基づいて激励をしている。

（4）**戒・定・慧の三学――tisso sikkhā.**　仏道を修行するものに必修の基本的修行項目で、八正道を要約したもの。戒（sīla）とは身・口・意の三つによる悪行をとどめる生活規範のこと。定（samādhi）とは禅定で、身心を静かにたもち、心を集中して統一し、思いを乱さないこと。慧（paññā）とは真理を見極める智慧のこと。戒を守って規律ある生活を営み、定を修して精神を統一し心を乱さず、慧をみがいて真理を覚る――というように、この三つはいずれも連動しているが、その中でも慧は、三学の根本であり最も重視される。

（5）**安らぎ（涅槃）――nibbāna.**　煩悩の炎を吹き消した安らぎのこと。涅槃と音写された。その後、死が「完全な涅槃」（parinibbāna、般涅槃《はつねはん》）と表現されるようになり、涅槃も、死という意味で用いられることもあるが、本来は「覚りの安らぎ」という意味で、解脱（mokkha）と同義で用いられていた。

（6）**堅固である――dhīrā.**　ディーラー（dhīrā）という名前は、「堅固である」という意味の形容詞 dhīra の女性・単数・主格であることから、釈尊は、その名前に込められた意味に基づいて激励をしている。

（7）**最後の身体――antima-deha.**　インド古来の考え方では、限りなく迷いの生存と死を繰り返す輪廻を苦とみなし、二度と再生を繰り返すことのない解脱を最高の理想としていた。従って、最後の身体というのは、〝迷いの生存〟の最後ということであって、解脱したということを表現したものであった。必ずしも、生まれてこない、という意味ではない。

（8）**信仰――saddhā.**　語源は「真理にわが身を置くこと」で、「浄信」などと漢訳され、盲目的な信仰の意味ではない。『テーリー・ガーター』においては、saddhā が第八、九、九〇、九二、二八六、三四一、三六三偈において用いられており、「信」を意味する語として、このほか pasāda が第四四八偈に用いられている。これは「真理にわが身を置いた結果、心が澄んで晴れやかになること」を意味していて、「澄浄」などと漢訳された。ヒンドゥー教で多用される bhakti（信愛）は熱狂的な忘我の信であり、仏教ではヒンドゥー教の影響が大きい密教以前には全く用いられることはなかった。仏教における信仰は、真理との関わりとしてあった。

（9）**友だち――mittā.**　ミッター（mittā）という名前は、「友」という意味の名詞 mitta の女性・単数・主格であるとともに、女性／男性・複数・主格であることから、釈尊は、その名前に込められた意味に基づいて激励をしている。

（10）**吉祥である――bhadrā.**　バドラー（bhadrā）という名前は、「吉祥なる」という意味の形容詞 bhadra の女性・単数・主格であることから、釈尊は、その名前に込められた意味に基づいて激励をしている。

（11）**寂静――upasamā.**　ウパサマー（upasamā）という名前は、「寂静」という意味の名詞 upasama の女性・単数・主格であることから、釈尊は、その名前に込められた意味に基づいて激励をしている。

（12）**その名の通り**　第一章注2参照。

（13）**〔善良なるムッター尼は〕……完全に解放されました――sumuttā.**　ここは、sumuttā（< su-muttā）を「善良なる（su）ムッター（muttā）」と「完全に（su）解放された（muttā）」の掛詞と考えて訳した。

（14）**六根**　主体の側の眼《げん》・耳《に》・鼻《び》・舌《ぜつ》・身《しん》・意《い》の六種の感覚器官のこと。

（15）**六境**　六根（眼・耳・鼻・舌・身・意）のそれぞれに対応する色《しき》・声《しょう》・香《こう》・味《み》・触《そく》・法《ほう》といった客体の側の六種の対象のこと。

（16）**六識**　六根（眼・耳・鼻・舌・身・意）のそれぞれに具わる眼識・耳識・鼻識・舌識・身識・意識といった認識作用のこと。

（17）**十八界**　第三章注1を参照。

（18）**身・口・意の三業**　人の行ない（kamma）を身による身業《しんごう》（kāya-kamma）、口による口業《くごう》（vacī-kamma）、意による意業《いごう》（mano-kamma）に分類したもの。仏教では、この三つの点で善をなし、悪をなさないことを説いた。

（19）**貪・瞋・癡の三毒**　人の善根を破壊する三つの根本的な煩悩のことで、貪り（貪《とん》）、憎悪（瞋《じん》）、愚かさ（癡《ち》）のこと。人の心を害するものとして毒に譬えられた。

第二章　二つの偈からなる詩の章

（1）**無相――animitta.**　ものごとには固定的、実体的な姿（相）はないとして、一切の執着を離れた境地を意味する。

（2）**七覚支――satta-bojjhanga.**　覚りを得るために役立つ七つのこと。①択法覚支《ちゃくほうかくし》（教えの真偽を選び分けること）、②精進《しょうじん》覚支（正しい教えによって努力すること）、③喜《き》覚支（正しい法を実践する喜びに住すること）、④軽安《きょうあん》覚支（身心の軽やかさと快適さをたもつこと）、⑤捨《しゃ》覚支（対象にとらわれる心を捨てること）、⑥定《じょう》覚支（心を集中して乱れないこと）、⑦念《ねん》覚支（記憶して忘れないこと）。

（3）この第二一偈は、第四五偈に全く同じ内容で出てくる。

（4）**輪廻――saṃsāra.**　生あるものが、迷いの世界において生死《しょうじ》を繰り返すこと。インド古来の考え方では、限りなく迷いの生存と死を繰り返す輪廻を苦とみなし、二度と再生を繰り返すことのない解脱を最高の理想としていた。仏教では、覚りに到ったということを、こうした考えを借りて表現された。「最後の身体」というのも、その例である。それは、表現の問題であり、必ずしも言葉自体にとらわれる必要はない。

（5）**三種の明知――tisso vijjā.** バラモン教で三つのヴェーダのことで、その三つを体得することがその究極の目標であった。仏教では、初期のころ、その表現を借りて究極の覚りを得たことを表現していた。後には、三つの超人的な能力と解釈され、六通の中の宿命通、天眼通、漏尽通を取り出して、①宿命明《しゅくみょうみょう》（自他の過去世を知る智慧）、②天眼明《てんげんみょう》（自他の未来世を知る智慧）、③漏尽明《ろじんみょう》（煩悩を断じ尽くして迷いのない境地に到る智慧）――の三つが当てはめられるようになったが、もともとは、単に「究極の覚りを得た」ことの表現形式であって、その三つの具体的内容は問われていない。

（6）**八斎戒――aṭṭaṅga sīla.** 在家の信者がウポーサタの日に守るべき八種の禁戒のことで、①不殺生《ふせっしょう》、②不偸盗《ふちゅうとう》、③不邪婬《ふじゃいん》、④不妄語《ふもうご》、⑤不飲酒《ふおんじゅ》――の五戒に、⑥高くゆったりした寝台に寝ない、⑦歌舞を見聞きしたり化粧をしない、⑧正午を過ぎて食を摂らない――の三つを加えたもの。

（7）**ウポーサタ（斎日）――uposatha.** 満月と新月の日などに行なわれる仏教教団の定期集会のこと。出家者は、戒律箇条を読み上げて罪を懺悔し、在家信者は八斎戒を守り、説法を聞き、出家者に飲食を供養する。「布薩《ふさつ》」「斎戒」「斎日」と漢訳された。

第三章　三つの偈からなる詩の章

（1）**五陰・十二入・十八界**　自己と世界を在らしめる一切法（あらゆるものごと）の存在を我々の認識の在り方から総合的に把握した三つの分類法。五陰（pañcakkhandha）は五蘊《ごうん》とも漢訳される。自己とあらゆる存在を物質と精神の五つの集まりとして分類したもの。①色《しき》（物質や身体）、②受《じゅ》（感受作用）、③想《そう》（表象作用）、④行《ぎょう》（意志作用）、⑤識《しき》（識別作用）のこと。十二入は、十二処とも漢訳され、心や心の働きを生じさせる場、依り所のことで、六根と六境（第一章注14、15参照）の総称。十八界は、十二入に六識（第一章注16参照）を加えたもの。

（2）**空——suññatā.** あらゆるものごとは、因縁によって生じたものであり、不変の固定的実体はないということ。

（3）**霊鷲山——Gijjhakūṭa.** インドのビハール州のほぼ中央に位置する山。釈尊在世当時のマガダ国の首都であったラージャガハ（王舎城）の東北、ナイランジャナー（尼《に》連《れん》禅《ぜん》河《が》）の側にある小高い山で、釈尊もしばしば滞在して説法した。その史実にちなみ、釈尊滅後五百年ごろに編纂された『無量寿経』や『法華経』では、その説法が行なわれた場所として設定されている。耆《ぎ》闍《じゃ》崛《くっ》山《せん》と音写され、霊鷲山は意訳である。

（4）**ウッビリー尼——Ubbirī.** 出家前は、コーサラ国パセーナディ王の王妃であった。

（5）**八万四千** 仏典では、多数を意味する慣用語として用いられる。「八万四千の法蔵」「八万四千の法門」「八万四千の魔軍」「八万四千の煩悩」などといった表現がなされる。

（6）**荼毘——jhāpeti.** 死者を火葬にすること。

（7）**三宝** ブッダ（buddha、仏）と真理の教え（dhamma、法）と修行者の集い（saṅgha、僧）のこと。この三つは仏教を構成する最も基本的な要素であるので、宝と称した。

（8）**ラージャガハ（王舎城）——Rājagaha.** 古代インドのマガダ国の首都。王舎城と漢訳される。通算二十年余を過ごしたコーサラ国の首都サーヴァッティーに次いで、釈尊が長く滞在したところで、霊鷲山や竹林精舎などがある。

（9）**言うことがないように——māha.** ＰＴＳのテキストでは、māhu（< mā + āhu）となっている。māは、「～することなかれ」という意味の副詞で、āhu は「言う」を意味する動詞√ah の完了態・三人称・複数だが、ここは二人称・単数でなければならないので、āhu を āha に代えて、māha（< mā + āha）と改めた。

第四章　四つの偈からなる詩の章

（1）**マハー・カッサパ（摩訶迦葉）――Mahā-kassapa.**　衣食住において少欲知足に徹する頭《ず》陀行《だぎょう》第一の弟子で、教団の長老として、釈尊滅後の仏典結集において中心的役割を果たした。摩訶《まか》迦葉《かしょう》と音写される。

（2）**知った――vedi.**　PTSのテキストでは、アオリスト（不定過去）・二人称・単数のvedīとなっているが、ここは三人称でなければならないので、vediに改めて訳した。

第五章　五つの偈からなる詩の章

（1）**私は……到達したことはありませんでした――nāhaṃ … ajjhagaṃ.**　PTSのテキストでは、ahaṃ … ajjhagaṃとなっていて、否定辞naが見当たらない。ここは、否定文でなければならないので、ahaṃの前にnaを置いて、nāhaṃ（< na + ahaṃ）とした。

（2）**六通――chaḷabhiññā.**　六神通とも言う。六つの超人的な能力。①天眼通《てんげんつう》（常人に見えないものを見る能力）、②天耳通《てんにつう》（常人に聞くことのできない音を聞く能力）、③他心通《たしんつう》（他人の心の思いを知る能力）、④宿命通《しゅくみょうつう》（自他の過去世を知る能力）、⑤神足通《じんそくつう》（意のままに行きたいところに行ける能力）、⑥漏尽通《ろじんつう》（煩悩を断じ尽くす能力）。

（3）**漏――āsava.**　煩悩が次々に漏れ出てくるものであることから、煩悩の異名とされた。ほかにも、煩悩が、ものごとに執着させて結びつけ、縛り付けるものでもあることから「結《けつ》」（saṃyojana）、「縛《ばく》」（gantha）などとも言われる。

（4）**心に浮つきがありました――uddhatā.**　PTSのテキストでは「切り離された」（uddhaṭā）となっているが、ここは中村元訳の「浮ついていて」にならい「心に浮つきがありました」（uddhatā）に改めた。

（5）この第八二偈は、第一九偈と全く同じである。

（6）**目覚めていませんでした――na bujjhi.**　PTSのテキストでは、nirajiとなっていて、意味不明であり、中村元博士の指摘に従って、na bujjhiに改めた。

（7）**ジャイナ教――Nigantha.**　ゴータマ・ブッダと同時代（紀元前五～同四世紀ごろ）に活躍したマハービーラに始まるインドの宗教の一つ。ヴェーダ聖典の権威を否定し、無神論で、徹底したアヒンサー（不殺生）をはじめとする禁戒・苦行の実践を説く。不殺生にかなった金融関係に信者が多い。

（8）**衣を一枚だけ身に着けて――ekasāṭī.**　釈尊在世当時のジャイナ教の修行者は、全裸であった。衣を身に着けることを認めるグループが興り、白衣《びゃくえ》派と裸行《らぎょう》派に分裂したのは、三世紀ごろとされていて、それ以前には、着衣が許されなかったので、女性の修行者はいないとされたが、この詩によると釈尊在世当時に女性の修行者がいたことになり、注目される。

（9）**いらっしゃい――ehi.**　最初期の仏教における出家者を受け入れる受戒の言葉は、ehi（いらっしゃい）であった。この言葉は、インドにおいて人を身近に呼ぶときの言葉では、最も丁寧な言葉であった。その言葉をもって、女性の出家を受け入れていたことが分かる。『テーリー・ガーター』の姉妹編である『テーラ・ガーター』にも男性が出家する場面が記録されているが、そこも同じくehiが用いられている。後世、教団が権威主義化すると、女性の出家の際に七面倒くさい条件が課されるようになるが、釈尊は男女ともに平等に受戒を行なっていた。中村元博士は、釈尊が新しく弟子になろうとする者に対して、ehiという最上級の丁寧な言葉を使っていたということについて、「万人は平等であり、師も新参者もともに兄弟である」（『原始仏教の成立』二一二頁）ということを意味すると述べておられる。それは、男女の平等についても等しく言えることであった。

（10）**パターチャーラー尼――Paṭācārā.**　サーヴァッティー市（舎衛城）の銀行家の娘で、尼僧たちの間で感化力の大きい人であった。

（11）**三十〔三天〕（忉利天）**　第八章注1の六欲天を参照。

(12) **インドラ神（帝釈天）――Inda.** サッカ（sakka）神ともいう。インド最古の神々への讃歌集『リグ・ヴェーダ』で最大の神とされる。仏教に取り入れられてブラフマー神（梵天）とともに護法の神とされた。帝釈天と漢訳される。これは「神々の帝王であるサッカ神」（sakkadevinda）という表現がなされ、「神々」が「天」、「帝王」が「帝」、「サッカ」が「釈」と漢訳されて、「天帝釈」、あるいは「帝釈天」となった。

第六章　六つの偈からなる詩の章

(1) **人格を完成された人（善逝）――sugata.** sugataは「よく（su）行《い》った（gata）」という意味で、「善逝」と漢訳された。英語で言えばwell done（よくなされた）ということであり、仏教の目指す人間完成の目的（地）に「よく行った」「よくなされた」ということで、「人格を完成された人」と訳した。

(2) **アノーパマー尼――Anopamā** サーケータ市に住んでいたマッジャという豪商の娘。

(3) **マッジャの産ませた娘――dhītā Majjhassa atrajā.** 直訳すると、「マッジャの自己から生まれた娘」となる。マッジャは父親の名前である。バラモン教に支配されたインドでは、子どもを産ませる主体は、男性であって、女性はそのための場所を提供するだけだと考えられていた。だから、両親の名前をいう時は、父親は「～から」を意味する奪格《だっかく》（ablative）で、母親は「～で」を意味する処格《しょかく》（locative）で表現される。『マヌ法典』などの法律書でも男が種子で、女は畑に譬えられている。女性は出産のための手段と見なされていたのである。

(4) **不還果** 小乗仏教における覚りの結果を四段階に分けた「四果《しか》」の三番目の位。①「預流果《よるか》」（sotāpatti）＝聖者としての流れに入った位のこと。②「一来果《いちらいか》」（sakadāgāmin）＝一度だけ人間界と天上界を往復して覚りに到る位のこと。③「不還果《ふげんか》」（anāgāmin）＝欲界のすべての煩悩を断じて天上に生じて欲界にはもはや還ってこない位のこと。④「阿羅漢果《あらかんか》」（arahant）＝小乗仏教の言う阿羅漢は、命終《みょうじゅう》の時に覚り（＝涅槃）に到り、二度と我々の住む欲界・色界・無色界の三界には生まれてこない位のこと。阿羅漢は本来、ブッダの十種類の別称（十号）の一つであったが、小乗仏教においてブッダよりも格下げして用いられるようになった。

（5）**マハー・パジャーパティー・ゴータミー尼——Mahāpajāpatī Gotamī.** ゴータマ・ブッダの母の妹、すなわち叔母《おば》（姨母《いも》）で、釈尊を養育した義母に当たる。釈尊の成道《じょうどう》から十五年から二十年たったころ女性として初めて出家した。摩訶波闍波提瞿曇弥《まかはじゃはだいきょうどんみ》と音写される。

（6）**八正道——ariya-aṭṭhaṅgika magga.** 理想の境地に到るための八つの生活の在り方のことで、①正《しょう》見《けん》（正しく見ること）、②正思《しょうし》（正しく考えること）、③正語《しょうご》（正しく言葉を用いること）、④正業《しょうごう》（正しく振る舞うこと）、⑤正命《しょうみょう》（正しく生活すること）、⑥正精進《しょうしょうじん》（正しく努力すること）、⑦正念《しょうねん》（正しく思念すること）、⑧正定《しょうじょう》（正しく精神統一すること）。

（7）**マーヤー（摩耶）夫人——Māyā.** 釈尊の実母で、出産後に亡くなったことで、姉妹のマハー・パジャーパティーがスッドーダナ王の妻となり、釈尊の義母となった。摩耶と音写される。

（8）**富、愛するもの——vasuṃ piyaṃ.** ＰＴＳのテキストでは、samussayaṃ（身体を）となっているが、異本でvasuṃ piyaṃ（富と愛するもの）となっているとの中村元博士の指摘に従って改めた。

（9）**四聖諦——cattāri ariyasaccāni.** 生きる上での苦を乗り越えるための四つの真理のことで、①苦諦《くたい》（この世は苦であるという真理）、②集諦《じったい》（煩悩と妄執が苦の因であるという真理）、③滅諦《めったい》（苦の因を滅するという真理）、④道諦《どうたい》（覚りを得るための実践という真理）——の四つからなる。

（10）**五根——pañc' indriyāni.** 解脱に到るための五つの能力。①信根（信を生じ維持する能力）、②精進根（努力する能力）、③念根（記憶して忘れない能力）、④定根（禅定の能力）、⑤慧根（智慧の能力）。

（11）**五力——pañca balāni.** 解脱に到らせる五つの力。五根が機能して現われる①信力、②精進力、③念力、④定力、⑤慧力——の五つの働きのこと。

第七章　七つの偈からなる詩の章

（1）**サキャ（釈迦）族――Sakya.**　紀元前五～同四世紀ころ、インドに大小さまざまの国がひしめいていたころの古代北インドのヒマラヤ山麓（現在のインドとネパールの国境地帯にあたる）にあった一部族（小国）の名前。西隣のコーサラ国の支配下にあり、カピラヴァストゥに都を置いていた。サキャ族は、共和制を採用していて、専制的な王を持たず、部族の代表が集会堂に集まって政策を決定していたという。この部族の王子であったゴータマ・シッダールタが「お釈迦さま」と呼ばれることがあるが、釈迦は個人名ではなく、部族名なので正確な表現ではない。釈尊という呼称は、「サキャ族出身の尊者」（Sakyamuni、釈迦牟尼）の省略形であり、こちらの表現のほうが正確である。

第八章　八つの偈からなる詩の章

（1）**六欲天**　六欲天は、欲界《よっかい》（欲望にとらわれたものの住む世界）・色界《しきかい》（欲望を離れ絶妙な物質からなる世界）・無《む》色界《しきかい》（物質をも超越し精神のみが存在する世界）の三界《さんがい》のうちの欲界に属していて、下から順に、次の六つで構成されている。

①第一天（四大王衆天《しだいおうしゅてん》）＝増上天《ぞうじょうてん》、広目天《こうもくてん》、持国天《じこくてん》、毘沙門天《びしゃもんてん》の四天王がいるところ。

②第二天（忉利天《とうりてん》）＝須弥山《しゅみせん》の頂上にあり、中央に善見城《ぜんけんじょう》、その東西南北にそれぞれ八つの城があるので、合わせて三十三の城となる。善見城には三十三天の首領である帝釈天《たいしゃくてん》が住む。この天は楼閣、庭園、香樹に満ちた楽園といえよう。三十三人の神々がいるので三十三天ともいう。

③第三天（夜摩天《やまてん》）＝この天に住むものは、眼・耳・鼻・舌・身の感覚器官に対応する色・声・香・味・触を通しての悦楽（五欲）を享受するとされる。寿命は二千年で、その一昼夜は人間界の二百年に相当するという。

④第四天（兜率天《とそつてん》）＝この天の内院は、将来、仏になる菩薩の住処《じゅうしょ》とされ、釈尊もかつてここで修行し、現在は弥勒《みろく》菩薩が説法していると考えられた。この天に住むものの寿命は、四千年で、その一昼夜は人間界の四百年に相当するという。

⑤第五天（化楽天《けらくてん》）＝この天に生まれたものは、自ら欲する至高の喜びを自在につくり出して楽しむことができるとされ、男女が向かい合ってほほ笑むだけで妊娠するという。八千歳の寿命をもつといわれる。

⑥第六天（他化自在天《たけじざいてん》）＝三界における欲界の最高位で、欲界の天主大魔王である第六天の魔王波《は》旬《じゅん》の住処。この天に住むものは、他の天が化作した欲望の対象を自在に自らの快楽として受用して楽しむことができるという。何事も思うようになり、快楽の極みを享受し続ける。寿命は一万六千歳で、その一昼夜は人間界の千六百年に相当するという。

いずれも、仏教以前の空想的宇宙観として論じられていたもので、仏教においては「天人五衰《てんにんごすい》」として、その悦楽もはかないものとした。第四五五偈でも、

> 天上界における再生ですらも常住なものではなく、無常なる〔迷いの〕生存領域の範囲内にあります。それなのに、愚かな人たちは、〔無常なる迷いの生存領域に〕繰り返し繰り返し生まれなければならないことを恐れてもいません。

と批判している。

（2）**説いてくださいました――deseti.**　PTSのテキストでは、現在・二人称・単数のdesesiとなっているが、この主語はブッダであり三人称でなければならないので、desetiに改めた。他の個所にアオリスト（不定過去）・三人称・単数のadesesiが用いられていることを考慮すれば、冒頭のaが脱落したものと考えられ、adesesiとすることも可能だが、母音の数が増えて、韻律を狂わせるので、採用しない。

第十章　十一の偈からなる詩の章

（1）**母と父——mātā pitā ca.**　『テーリー・ガーター』の漢訳は存在しないが、他のパーリ語やサンスクリット語の仏典で「母と父」となっているところは、必ずと言っていいほど「父母」と漢訳されている。男尊女卑の著しい儒教倫理の影響であろうか。

（2）**子どもの肉が〔動物に〕食べられている——khāditāni puttamaṃsāni.**　古代インド一般の葬儀の方法として、次の三つがあり、この場面は③に当たる。

①火葬＝薪を積んで死体を焼く。
②水葬＝死体を河の流れに沈めて水に散らしてしまう。
③野葬＝死体を林に放置して獣に食べさせる。

第十一章　十二の偈からなる詩の章

（1）**ウッパラヴァンナー尼——Uppalavaṇṇā.**　コーサラ国のサーヴァッティー市に住む長者の娘であった。ウッパラが「青睡蓮」、ヴァンナーが「色」を意味するということで、「蓮華《れんげ》色《じき》」と漢訳された。本書では第三六三偈にも名前が出てくる。

（2）**悪魔が言いました**　この詩の冒頭は、ＰＴＳのテキストではesā antaradhāyāmi となっている。このままでは、消え去ったり、腹の中に入ったり、眉間に立ったりするのは、女性・単数・主格の代名詞esāで示される「この〔私〕」、すなわち、女性のウッパラヴァンナー尼となる。しかし、ここは、ウッパラヴァンナー尼を悪魔が脅している言葉と取ったほうがいいので、esāを男性・単数・主格の代名詞esaに置き換えるとともに、esā antaradhāyāmi を esāntaradhāyāmi（< esa + antaradhāyāmi）と改めて、「〔悪魔が言いました。〕」を補って翻訳した。

中村元博士は、『尼僧の告白』（五二頁）でこれをウッパラヴァンナーの言葉として訳しておられるが、『サンユッタ・ニカーヤ』に出てくる類似の詩を『原始仏教の思想Ⅰ』（五五一頁）では、悪魔の言葉として訳しておられる。

第十二章　十六の偈からなる詩の章

（1）**〔空中に〕飛翔してから――uppatitvā.**　ＰＴＳのテキストにupeccāpiとあるが、*Saṃyutta-aṭṭhakatā*, I, *p.* 307. に [ākāse] uppatitvā（〔空中に〕飛翔してから）とあるのに従って改めた。

（2）**ブラフマー神（梵天）――Brahmā.**　宇宙の創造者とされるが、仏教において帝釈天とともに護法神とされた。梵天と音写される。

第十三章　二十の偈からなる詩の章

（1）**アンバパーリー尼――Ambapālī.**　商業都市ヴェーサーリー（毘《び》舎離《しゃり》国）の遊女であった。サンスクリット語でアームラパーリー、パーリ語でアンバパーリーと言い、「菴摩羅婆利」「菴羅婆利」「菴羅女」「菴婆波利」などと音写された。「アームラ」（アンバ）とは、果物のマンゴーのことで、彼女が生まれてすぐにヴェーサーリー城外のマンゴー林に捨てられていたので、この名を得たと言われる。美貌の故に遊女となり、その子のコンダンニャによって出家し、尼となったという。マガダ国の王ビンビサーラ（頻婆《びんば》娑羅《しゃら》）との間に生まれたのがジーヴァカ（耆婆《ぎば》）だとされるが、異説もある。

（2）**つるつる滑る螺貝の殻――saṇhakambu.**　ＰＴＳのテキストでは、saṇhakampurīとなっている。これはsaṇha（つるつる滑る）とkampurīの複合語だが、後者の意味が不明である。サンスクリット語で、kambu-kaṇṭha（貝殻のような首を有する）という語があり、kambu（螺貝、貝殻）が首の譬喩に用いられる。これを考慮して、筆者はkampurīはkambuの誤写と考えて改めた。

（3）**眠りに就きます――supasi.**　ＰＴＳのテキストでは、vipassi（観察する）となっているが、ここは、就寝する時と起床する時のことが対句として述べられているので、「眠る」という言葉がくるべきである。中村元博士は異本に従って vissapi（眠る）に改めておられるが、その語の成り立ちがよく分からない。ここは、すぐ後に出てくる paṭibujjhasi（眠りから覚める）が現在・二人称・単数であるのに合わせて、素直に√sup（眠る）の現在・二人称・単数 supasi でいいのではないか。

（4）**誓言を語る人――mantabhāṇī.**　この語について、リューダースはサンスクリット語の manda（穏やかな）、または mandra（快く響く、魅力的な）の俗語形 manna がパーリ語に直されたと解していて、「やさしく語る人」という語義になるとしていて、中村元博士は、「思慮して語る人」と訳しておられる。

（5）**ナーラー〔村〕から――Nālāya.**　ＰＴＳのテキストでは Nālāto となっている。これは、奪格でなければならないが、to で終わる奪格であるためには、男性名詞の Nālato（< Nāla）となり、女性名詞 Nālā の奪格であるならば、Nālāya としなければならない。筆者は、後者とした。

（6）**右廻りに回る礼**　インドでは、最高の敬意を表わす礼法として右繞三匝《うにょうさんそう》と言って、相手に右肩を向けてその周りを時計廻りに三回まわることが行なわれた。

（7）**食べさせながら――khādemānā.**　ＰＴＳのテキストでは khādamānā（食べながら）となっていて、これでは母親が自分の子どもを食べることになってしまう。ここは使役形の khādemānā（食べさせながら）に改めたほうがいい。

（8）**食べさせていながら――khādetvā.**　ＰＴＳのテキストでは「食べる」を意味する動詞√khād の絶対分詞 khāditvā となっている。絶対分詞は、能動と受動の両方の意味を取り得るので、これは「〔子どもたちが〕食べられて」か、「〔子どもたちを〕食べて」のいずれかの意味になる。ところが、主語は母親であり、後者では大変なことになる。前者であれば「〔母親は子どもたちが〕食べられて」となって、問題はない。しかし、筆者は一つ前の詩（第三一二偈）で khādemānā（食べさせながら）と使役形に改めたのと合わせて、ここは使役形の khādetvā（食べさせて）に改めた。

（9）**説いておられます——deseti.**　ＰＴＳのテキストでは、二人称 desesi となっているが、ここは三人称でなければならないので deseti に改めて訳した。この後、同様の個所が多数出てくるが、断ることなく訂正した。

（10）**糞掃衣——paṃsukūla.**　「ぼろ布を拾い集めて縫い合わせた衣」を意味するパンスクーラを音写したもの。出家者の衣は、袈裟《けさ》とも言われる。出家する時は、死体を放置するところに行って、布片を拾い集めて衣を作って身に着けていた。それは、死体をくるんでいたもので、動物が死体を食べる時に食いちぎられ、血液などの体液に染まり、雨ざらしになっているので、薄汚れた色になっている。その色をカサーヤ（kasāya）と言い、その衣の呼び名となった。それが漢訳される時、袈裟と音写された。「袈」も「裟」もこれを音写するために中国で作られた漢字である。

（11）**サーヴァッティー市（舎衛城）——Sāvatthi.**　古代インドのコーサラ国にあった首都。マガダ国のラージャガハ（王舎城）を抜いて、釈尊が最も長く滞在したところで、パセーナディ（波斯匿《はしのく》）王や、スダッタ（須達多）長者をはじめとする多くの人々を教化した。スダッタ長者が、ジェータ（Jeta、祇陀《ぎだ》）太子から譲り受けた園林（vana）に建てた精舎（vihāra）である祇陀園林精舎《ぎだおんりんしょうじゃ》（Jeta-vana-vihāra）、略して祇園精舎《ぎおんしょうじゃ》の遺跡が南方のサヘートに現存している。

（12）**蛇の頭に譬えられ——sappasiropamā.**　ＰＴＳのテキストでは、sappasirūpamā となっているが、これは sappa（蛇）、sira（頭）、upamā（譬え）の複合語であり、連声の仕方に誤りがあるので、第四八偈に sappasiropamā とあるのに合わせて改めた。

第十四章　三十の偈からなる詩の章

（1）**ジーヴァカ（耆婆）——Jīvaka.**　古代インドのマガダ国・ラージャガハ（王舎城）に住んでいた小児科医。ビンビサーラ王と遊女アンバパーリーとの間に生まれた子どもであるとも伝えられている。名医として有名であるだけでなく、仏教への帰依も篤《あつ》く、アジャータサットゥ（阿闍世《あじゃせ》）が、父王のビンビサーラを殺害した後に悔恨の念を懐《いだ》き悪瘡《あくそう》を生じた時、釈尊に会わせて仏教に帰依させた人として知られる。

（2）**遮りました――saṃnivāreti.** ＰＴＳのテキストでは、saṃnivāresi となっているが、これは二人称であり、ここは三人称でなければならないので改めた。

（3）**私は、あなたに何か悪いことをしたのでしょうか？――kiṃ te aparādhitaṃ mama.** ＰＴＳのテキストでは、kiṃ te aparādhitaṃ mayā となっているが、一人称代名詞の具格《ぐかく》、奪格の mayā（私によって、私から）では意味が通じない。ここは、属格《ぞっかく》の mama（私の、私に属する）と、主格の kiṃ（何か）、aparādhitaṃ（罪過）の名詞文と考えるべきであろう。為格《いかく》の te（あなたのために）を加味すると、「私に何かあなたのための罪過がありますか？」と直訳できる。言い換えれば、「私は、あなたに何か悪いことをしたのでしょうか？」となる。

（4）**あなたが……住もうと望まれるならば――vihareyyāsi.** ＰＴＳのテキストでは、viharemasi となっているが、これは「住む」という意味の動詞の語根 vi-√hṛ の願望法・一人称・複数の形で、ここには適切ではない。願望法・二人称・単数形の vihareyyāsi であるべきであり、筆者は改めた。

（5）**思い続けます――sareyyaṃ.** ＰＴＳのテキストには、saremhase とあるが、意味不明である。異本に saremase とあるが、これは√smṛ（憶う）の願望法・一人称・複数形である。ここは、単数形でなければならないので、筆者は sareyyaṃ に改めた。

（6）**メール山（須弥山）――Meru.** 古代インドの世界観で、世界の中心にあるとされる想像上の山。山頂は神々の世界に達し、四方に四大洲があり、その周囲は幾重もの山岳や海に囲まれているとする。

（7）**炭火の坑が打ち捨てられるようなものであり――iṅghālakāsu va ujjhito.** ＰＴＳのテキストでは、iṅghālakhuyā va ujjhito となっている。この中の iṅghālakhuyā（＜iṅghāla-khuyā）の iṅghāla は aṅgāra（炭火）のことであるが、khuyā の意味が不明である。原始仏典で iṅghāla か aṅgāra という語の出てくる個所を調べると、『スッタニパータ』の第三九六偈に「避けるべき」ものとして aṅgārakāsuṃ（＜aṅgāra-kāsu＝炭火の坑）が出てくる。ここも「打ち捨てられる」（ujjhito）ものとして出てくるので、筆者は、これを参考にして原文を改めて訳した。

（8）**師に仕えたことのない女——yassā … satthā … anupāsito.** これは、PTSのテキストでは、anusāsito（訓誡《くんかい》された）となっているが、このままでは、女性によって師のブッダが訓誡されたことになって、立場が逆になってしまう。中村元博士の指摘に従ってanupāsito（仕えられなかった）に改めた。これによって、「その女によって師が仕えられなかったところの女」、すなわち「師に仕えたことのない女」となる。

（9）**この身体は、……存在しません——dehakam imaṃ … na vattati.** これは、PTSのテキストでは、dehakāni maṃ... na vattanti となっているが、私の身体（dehakāni）が複数になっていて、矛盾する。Norman、および中村元博士の指摘に従って、身体を単数の dehakam とし、dehakāni の末尾の i と maṃ をつなげて imaṃ（これ）とした。現在・三人称・複数の動詞 vattanti（存在する）も単数形の vattati に改めた。

（10）**影絵** PTSのテキストで rupparūpakaṃ となっている。これをリューダース、リス・デヴィッズ夫人、中村元博士も影絵だと理解しているのに従った。

（11）**穴蔵に覆われた——koṭṭhe-r-ohitā.** PTSのテキストでは koṭar' ohitā（< koṭare + ohitā）となっているが、koṭare（< koṭara）が意味不明であり、「穴蔵」を意味する koṭṭhe（< koṭṭha）と解して訳した。

（12）**お許しください——khamahi.** PTSのテキストでは、使役形の khamehi（許しを乞うてください）となっていて、立場が逆転してしまう。ここは使役形でないほうが意味が通じるので筆者は khamahi に改めた。

第十五章　四十の偈からなる詩の章

（1）**食事——bhattaṃ.** PTSのテキストでは、bhattatthaṃ となっている。これの tthaṃ という語尾は、アオリスト（不定過去）を作るものだが、この語の次に kariya という動詞がくるので、アオリストでは動詞が重なってしまう。ここは、kariya の目的語として対格の名詞でなければならない。よって、「食事」を意味する bhattaṃ に改めた。

（２）**多くの財宝――pahūtaratano.**　ＰＴＳのテキストでは、bahutaratana となっているが、bahu（多くの）に注目すると、残りの taratana の意味が不明、bahu の比較級 bahutara を一まとまりと考えると残りの tano（＜tana）の意味が不明になる。どうにも区切りようがない。中村元博士は、pahuta（多くの）と ratano（＜ratana、財宝）の複合語と考えておられるが、筆者は、pahuta よりも pahūta のほうがいいと考えて改めた。

（３）**与えました――adāsi.**　ＰＴＳのテキストで adāsi となっていて、中村元博士はこれを三人称のアオリスト adā に改めるべきだと指摘しておられるが、adāsi 自体に一人称だけでなく、三人称の意味もあるので、これは改める必要がないのではないか。

（４）**装身具――pasādhanaṃ.**　ＰＴＳのテキストでは、pasādaṃ（＜pasāda、信仰）となっているが、筆者は pasādhanaṃ（＜pasādhana、装身具）を写し間違えたものであろうと考えて改めた。

（５）**愛することを――anurattaṃ.**　ＰＴＳのテキストでは anuttaraṃ（この上ない）となっているが、意味が通じないので、中村元博士の指摘に従い、改めた。

（６）**一緒に住みたくありません――na ... icchaṃ ... sahavatthuṃ.**　これは、ＰＴＳのテキストでは、vacchaṃ ... sahavatthuṃ となっている。vacchaṃ（＝vacchāmi）が、「住む」を意味する動詞√vas の未来・一人称・単数形で、sahavatthuṃ は、saha-√vas の不定詞で「一緒に住むこと」を意味する。動詞√vas の派生語が重複していて、意味不明の文章である。筆者は、ここで、vacchaṃ が、「欲求する」という意味の動詞√iṣ の現在・一人称・単数形の icchaṃ（＝icchāmi）を写し間違えたものであろうと考えて、改めた。

（７）**父の家に連れ戻しました――pitugharaṃ paṭinayiṃsu.**　ＰＴＳのテキストでは、pitu gharaṃ paṭi nayiṃsu と区切られている。pitu（父）と gharaṃ（家に）は並列の関係ではなく、「父の家に」として複合語でなければならない。また、paṭi は「対」「反」「向かって」などを意味する接頭辞で、独立した単語ではない。次の動詞 nayiṃsu と結合させて「連れ戻した」を意味する。

（8）**何が何だか分からなくなりました——avibhūtā.** ＰＴＳのテキストでは avibhūtā（不明瞭な、暗迷の）となっているが、中村元博士は adhibhūtā（打ちひしがれた）と改めて、訳しておられる。この個所の直前に「苦しみによって惑乱状態となり」とあり、「苦しみ」に注目すると「打ちひしがれた」、「惑乱状態」に重きを置くと筆者の訳、そのいずれでもいいかと思われる。

（9）**放棄しました——paṭigacchati.** ＰＴＳのテキストでは paṭicchati（受け取る）となっているが、「放棄する」を意味する paṭigacchati のほうが、文脈に適《かな》っているので、筆者は改めた。

（10）**一緒に住むことを欲しないでください——na iccha … sahavatthuṃ.** ＰＴＳのテキストでは、na vaccha … sahavatthuṃ となっているが、vaccha は、「住む」という意味の動詞√vas の命令・二人称・単数であり、sahavatthuṃ は、「一緒に住む」という意味の saha-√vas の不定詞である。ここに√vas の派生語が重なっていて、意味不明の文章になっている。筆者は、vaccha を、不定詞とともに用いて「〜することを欲する」という意味を示す√is の命令・二人称・単数の iccha に改めた。

（11）**私は——ahaṃ.** ＰＴＳのテキストでは、一人称・単数・属格、あるいは為格の amhākaṃ となっているが、これでは意味をなさない。ここは主格であるべきなので ahaṃ に改めて訳した。

（12）**沙門——samaṇa.** 道を求めて修行する人。

（13）**再生族（バラモン）——dvija.** dvija は、「二度（dvi）生まれるもの（ja）」を意味する。インドのカースト制度で、バラモン、クシャトリヤ、ヴァイシャの三つの階級を指すが、その中でも特にバラモンを指すことが多い。これに属する男子は、母親の母胎からの一度目の誕生に続き、二度目の誕生として、十歳前後に入門式（upanayana）を挙げ、アーリヤ人中心の社会の一員としてヴェーダの祭式に参加する資格が与えられる。これに対しシュードラは入門式を挙げることのできない一生族（ekaja）と一方的に決めつけられ、再生族から宗教的にも、社会的にも、経済的にもあらゆる面で差別された。

（14）**引かせられました——dhārayiyāmi.** ＰＴＳのテキストでは、「持つ」の使役・一人称・単数形の dhārayāmi（持たせる、引かせる）となっていて、立場が逆になっている。従って、筆者は使役・受動・一人称・単数形に改めた。

第十六章　長い偈からなる詩の章

（1）**〔晴れやかに澄み切った〕信仰心がありました——pāsādika.**　pāsādika は、pasāda に形容詞を作る接尾辞 ika を付したものである。本書で「信」を意味する語として第八偈に saddhā が出てきたが、それは「真理にわが身を置くこと」という意味であった。pasāda も「信」を意味する語だが、真理にわが身を置いた結果、心が晴れやかに澄み渡った状態を意味する。

（2）**十力——dasa-bala.**　仏に特有な十の智慧の力。①道理にかなっているかを判断する力、②業因と果報との関係を知る力、③種々の禅定について知る力、④衆生の機根の優劣を知る力、⑤衆生の願望を知る力、⑥衆生の本性を知る力、⑦地獄や涅槃などに趣く因について知る力、⑧自己と他者の過去を知る力、⑨衆生がこの世で死んであの世に生まれることを知る力、⑩煩悩を断じた涅槃の境地とそこに到る方法を知る力。

（3）**不運な身体を持つ——kāyakaliyā.**　ＰＴＳのテキストでは、kāyakalinā（< kāya-kalin）となっているが、これは kāya（身体）と kalin（悪世）の複合語である。それに対して、kāyakaliyā（< kāya-kali）の後半部 kali は、「不運な」を意味していて、こちらのほうがより適切であろう。

（4）**その〔スメーダーの話〕に——tassā.**　ＰＴＳのテキストでは assā となっているが、これは assa（馬）の複数形で、ここでは意味が通じない。筆者は、三人称の指示代名詞 tad（それ）の女性・単数・為格（または属格）の tassā に改め、代名詞の指示する内容を「スメーダーの話」として、「その〔スメーダーの話〕に」と訳した。

（5）**驚嘆してしまいました——samannāhato.**　ＰＴＳのテキストでは samabhisāto（大いに喜んだ）となっているが、これでは、文脈が通じない。ここは、母と同様に衝撃を受けるとしなければならない。そこで samannāhato（驚嘆した）と改めた。

（6）**ヴァーラナヴァティー——Vāraṇavatīsu.**　ＰＴＳのテキストではVāraṇavatimhiとなっているが、これはi語幹の男性名詞、あるいは中性名詞の単数・処格の格変化であり、地名はヴァーラナヴァティ（Vāraṇavatī）ということになる。しかし、地名は女性名詞となることが一般的であるので、筆者は女性名詞Vāraṇavatīの単数・処格に改めた。

（7）**私には、……はありません——hohiti … me na.**　ＰＴＳのテキストでは、hohiti … tenaとなっているが、ここは、tena（それによって）では意味が通じないので、中村元博士の指摘によりme na（私には……ない）に改めた。

（8）**革袋——bhastaṃ.**　ＰＴＳのテキストではgattaṃ（肢体、五体）となっているが、中村元博士は異本に従ってbhastaṃを採用されている。直前に「不浄なものが充満して」「流れ出してしまった」という語があることを考慮すると、身体を「容器」「入れ物」と見ているようなので、「革袋」としたほうがいいであろう。

（9）**解剖**　古代インドにおいて、医学は内科、外科などの部門に分けられていて、古代インドのタクシャシラーが内科、ベナレスが外科の中心地であった。死体解剖や外科手術、帝王切開、整形手術が既に行なわれていて、メスの入れ方まで規定した医学書が存在していた。解剖や、外科手術の歴史はギリシアよりも古いという（中村元著『大乗仏教の思想』三〇頁参照）。

（10）**考察する——anuvicintenti.**　ＰＴＳのテキストでは、arucim bhaṇantiとなっていて、中村元博士は諸異本に従って、anuvicinantīとしているが、これも文法的に意味が通じないので、「思惟《しい》する」を意味するanu-vi-√cintの現在分詞・女性・単数・主格形のanuvicintentīに改めた。

（11）**あなたたちにとって——tumhaṃ.**　ＰＴＳのテキストでは、三人称のtesaṃ（彼らにとって）となっているが、ここは、ゴータマ・ブッダが人々に対して説法している言葉であり、二人称・複数のtumhaṃに改めた。

（12）**アスラ（阿修羅）——Asura.**　インドの神話ではインドラ神と闘う悪神とされていたが、仏教では、仏法を守護する天龍八部衆の一つとされた。阿《あ》修羅《しゅら》と音写される。

(13) **見られます——dissante.**　ＰＴＳのテキストでは、dīyante（与えられます）となっているが、中村元博士の指摘により改めた。

(14) **若者たちに伴われてやって来ました——upayāti taruṇāvuto.**　ＰＴＳのテキストでは、upayāsi pītaruṇāvuto となっているが、upayāsi（やって来た）は二人称の動詞であり、ここは三人称でなければならないので、upayāti に改めた。pītaruṇāvuto（< pītaruṇa-āvuta）は、pītaruṇa（黄赤の）と āvuta（伴われた）の複合語だが、このままでは意味をなさない。中村元博士の指摘に従って、taruṇa（若者）と āvuta（伴われた）の複合語に改めた。

(15) **実にもろもろの欲望を——kāme hi.**　ＰＴＳのテキストでは、複数・具格の kāmehi（もろもろの欲望によって）としているが、ここは、複数・対格であるべきところなので、kāme（もろもろの欲望を）と hi（実に）に区切った。

(16) **四大洲**　第十六章注19を参照。

(17) **〔熟した〕木の果実のように——rukkha-phala-upama.**　ここで、「苦しみをもたらすもの」の例として木の果実が挙げられているが、それは、次の『スッタニパータ』の第五七六偈に込められた意味に通じているのであろう。

phalānam iva pakkānaṃ niccaṃ patanato bhayaṃ /
evaṃ jātānaṃ maccānaṃ niccaṃ maraṇato bhayaṃ //576//
もろもろの熟した果実に、常に落下の恐怖があるように、
生まれた人々には、常に死の恐怖があります。

(18) **劫——kappa.**　「劫波《こうぱ》」と音写した語の省略形で、天文学的時間の長さをいう。筆者の計算では、一劫は約10の24乗年になる（植木雅俊・橋爪大三郎著『ほんとうの法華経』三二〇頁参照）

(19) **ジャンブー洲（閻浮提）——Jambudīpa.**　古代インドの世界観では、中央のメール山（須弥《しゅみ》山《せん》）の四方に四つの大陸（四大洲）があり、その一つがジャンブー洲であり、人間が住む大陸とされた。閻浮《えんぶ》提《だい》と音写される。四つの大陸は、次の四つから成る。①東＝勝身洲《しょうしんしゅう》（弗婆《ほつば》提《だい》）、②南＝贍部《せんぶ》洲《しゅう》（閻浮

提）、③西＝牛貨洲《ごけしゅう》（瞿陀尼《くだに》）、④北＝倶盧洲《くるしゅう》（鬱単越《うったんのつ》）。

(20) **〔ジャンブー洲の大地を細かく分割して〕ナツメの種子の大きさほどの小さな球〔にしたとしても〕** 無数であることを、ジャンブー洲を粉砕してできるナツメの大きさの球の数で表現している。『法華経』に三千塵点劫という言葉が出てくるが、これは太陽系に相当する一個の世界の千倍の千倍の千倍、すなわち十億個の世界（三千大千世界）を原子の大きさにすりつぶした時の数で示される時間の長さである。『法華経』が編纂されたのは紀元一世紀から三世紀ごろとされ、そのころは原子論も知られ、宇宙の壮大さも考えられるようになり、ミクロとマクロの気の遠くなるような表現がなされるようになっている。その詳細については、拙著『思想としての法華経』第十章参照。

(21) **母からそのまた母――mātā-mātusu.** ＰＴＳのテキストでは、mātā-pitusu（母と父）となっているが、第四九九偈に pitu-pitusu（父からそのまた父）とあるのに対応させて改めた。

(22) **盲目の亀と軛の孔の譬え** 海底からたまたま浮かび上がってきた亀が、首をぴったり入れることのできる軛の穴に出会うという話は、人間として生まれてくること、さらに仏に出会うことの困難なことを譬えたもので、「盲亀《もうき》浮木《ふぼく》の譬え」として知られる。『雑阿含経』巻一五（大正蔵、巻二、一〇八頁下）には、百年に一度海底から浮かび上がってくる無量の寿命を持つ盲目の亀が、大海を漂っている孔の空いた丸太に出会い、その孔に頭を入れる話として出てくる。『涅槃経』や『大智度論《だいちどろん》』などにも、アレンジ版が見られ、鳩摩羅什《くまらじゅう》訳『法華経』では「一眼《いちげん》の亀」となっている。対応するサンスクリット原文は「盲目」とも、「一眼」とも断ることなく、ただ「亀」となっている。本書では盲目となっている。

(23) **鰐の恐怖――kumbhīlabhayāni.** ＰＴＳのテキストでは kumbhilabhayāni（< kumbhila-bhaya）となっているが、iを長母音のīに改めた。サンスクリット語では kumbhīra と表記されるが、中村元博士によると、rをlとするのは古代東部インド語のかたちだという。

(24) **制御してください――damayassu.** ＰＴＳのテキストでは、damassu となっているが、このままでは「制御される」の命令形であり、立場が逆になる。従って、使役形で「制御する」の意味にして、その命令形の damayassu に改めた。

（25）**チャンダーラ（旃陀羅）**——**caṇḍāla.** インドのカースト制度の枠にも入らない賤民とみなされた人たちのことで、狩猟、屠殺《とさつ》、刑戮《けいりく》などを業としていて、犬や豚と同類に扱われ、人間と見なされることはなかった。「旃陀羅《せんだら》」と音写される。

（26）**コーナーガマナ〔仏〕（倶那含牟尼仏）**——**Konāgamana.** 過去七仏（釈尊と、それ以前に出現したとされる六人の仏たち）のうちの五番目の仏のこと。七仏は、毘婆尸《びばし》（Vipassin）仏、尸棄《しき》（Sikhin）仏、毘《び》舎浮《しゃふ》（Vessabhū）仏、拘留孫《くるそん》（Kakusandha）仏、拘那含牟尼《くなごんむに》（Konāgamana）仏、迦葉《かしょう》（Kassapa）仏、釈迦牟尼《しゃかむに》（Sakyamuni）仏である。原始仏典の『スッタニパータ』に、迦葉仏の名前が見られ、釈尊のことを「第七の仙人」（isi-sattama）と称している。初めの三仏は、計り知れない過去の過去荘厳劫に出現し、残りの三仏は釈迦と同じ時代の現在賢劫に現われたとされる。『テーラ・ガーター』には七仏の名前が出てくるが、『テーリー・ガーター』には、コーナーガマナ仏の名前のみが出てくる。アショーカ（阿育）王はコーナーガマナ仏の塔を修築したことが知られていて、過去七仏信仰は、原始仏教の時代からあったことが推測される。

（27）**転輪聖王**——**Cakkavattin.** 古代インドにおいて理想とされた普遍的帝王のこと。武器を使用しないで、正義（法）によって世界を統治するとされた。

（28）**七種類の宝**——**satta-ratana.** 普遍的帝王とされる転輪聖王の所有するもので、①輪宝《りんぽう》（cakka-ratana、四方に転じて大地を平定する車輪）、②象宝《ぞうほう》（hatthi-ratana、空も飛ぶことができる純白の象）、③馬《め》宝《ほう》（assa-ratana、空も飛ぶことができる純白の馬）、④珠宝《じゅほう》（maṇi-ratana、その光明の輝きが一由旬《ゆじゅん》にも及ぶ宝石）、⑤女宝《にょほう》（itthi-ratana、美貌と芳香を具えた貞節な王妃）、⑥居士宝《こじほう》（gahapati-ratana、国を支えるだけの財力を持つ市民）、⑦将軍宝《しょうぐんほう》（pariṇāyaka-ratana、賢明・有能・練達の智将）——の七種類が挙げられている。

解説

インド仏教史における『テーリー・ガーター』

尼僧たちが自らつづった詩集

『テーリー・ガーター』（*Therī-gāthā*）という仏典の名前を、わが国で知る人は少ないであろう。これは、紀元前三世紀にスリランカに伝えられた原始仏典の一つで、南アジアの仏教諸国ではそれ以来ずっと、広く読み続けられてきた。ところが、日本で、その原始仏典の存在が知られるようになったのは、明治時代に入ってからのことであった。

「テーリー」は、女性出家者（尼僧）の長老、「ガーター」（偈陀《げだ》と音写、略して偈《げ》）は詩のことで、合わせて「長老の尼僧たちによる詩」という意味である。これと姉妹編をなすのが、『テーラ・ガーター』（*Thera-gāthā*）であり、「テーラ」は、男性出家者の長老のことで、「長老の男性出家者たちによる詩」を意味する。いずれも、パーリ語でのみ伝えられた詩集で、全体的な漢訳、チベット語訳は存在しない。

個々の詩（偈）は、釈尊生存時に作られたものであるが、現在の形にまとめられたのは、釈尊の滅後、百数十年を経た紀元前三世紀のアショーカ王の時代、あるいは少し後の時代と考えられる。その理由としては、『スッタニパータ』より新しいことや、特に教団における僧尼の堕落した姿を嘆く詩が入っていることが挙げられる（中村元著『原始仏教の社会思想』六八九頁）。

いわゆる「仏説」と伝えられるもろもろの経典の、必ずしもすべてが歴史的人物としての釈尊によって説かれたものではないということは、今日では既に学問的常識となっている。後世の人々の手が加わっているからだ。その中で、この『テーラ・ガーター』と『テーリー・ガーター』は、後世の人々の加筆がほとんどないと考えられる。そこに登場する人物も、後世には忘れ去られてしまった人があり、権威をもって語られてもいない。従って、権威づけのためにその名前が利用されることもなかった（中村元著『仏弟子の生涯』四頁）。それだけに、この両書の記述は、初期の仏教教団の実態を知る上でも大変に重要である。

『テーラ・ガーター』には、二百六十四人の男性出家者が詠《よ》んだ偈が千二百七十九、『テーリー・ガーター』には、七十二人と一グループの尼僧たちが詠んだ偈五百二十二を収録している。

その尼僧たちの主だった内訳を見ると、王族の出身が二十三人、豪商の出身が十三人、バラモン階層の出身が十八人、アンバパーリー（菴婆波利）尼など元遊女だった女性が四人などとなっている。身分が低く、高貴な女性たちの処罰におびえながらつらい仕事をしていた女性もいた。老衰とともに美貌が衰えるのを嘆く女性たち、母と娘で同じ男を夫として共有していたことを知り戦慄《せんりつ》を覚えて出家した女性も登場している。親も友人もなく夫や子どもにまで先立たれて身寄りのなくなった女性、子どもを亡くした悲しみで狂乱状態になってさ迷い歩いていた女性など、孤独な女性や悲しみに打ちひしがれた女性たちが登場している。夫に婢女《はしため》のように尽くしぬいても夫から嫌われ続けた女性、何回結婚しても破局を迎えてしまうかわいそうな女性もいた。欲望と貪りに悩まされ、長年、心の自在さが得られなくて、苦しみのあまり自殺を図ろうとした女性もいた。親が決めた結婚を振り切って出家した女性、修行中に男に誘惑されても毅然《きぜん》として拒絶した女性もいた。

釈尊は、こうした女性たちに、「いらっしゃい、〇〇よ」と語りかけ、仏弟子（sāvikā）として受け入れた。彼女たちは、釈尊の教え通りに修行に励み、それぞれに「ブッダの教えをなし遂げ」、「安らかな境地」（涅槃《ねはん》）に達したことを喜びをもって語っている。

バッダーという女性は、自らの出家の場面を次のように回想している。

〔すると、ブッダが〕「バッダーよ。いらっしゃい（ehi）」と言われました。それが、私にとっての受戒《じゅかい》でありました。

（第一〇九偈）

後世の煩雑な手続きと違い、最初期の仏教においては、釈尊から「いらっしゃい」と言われて、仏《ぶっ》・法《ぽう》・僧《そう》の三宝《さんぼう》に帰依《きえ》することが修行者としての受戒であった。ヴェーダ文献によると、祭式において「供物《くもつ》を捧《ささ》げる人」に対するバラモンからの呼びかけの言葉は、相手がバラモンであれば「いらっしゃい」（ehi）、ヴァイシャ（庶民）であれば「来なさい」（āgaccha）、クシャトリヤ（王族）であれば「走ってきなさい」（ādrava）、シュードラ（隷民）であれば「急いで来い」（ādhāva）と使い分けるとあり、相手によって丁寧の度合いが異なっていた。ehi は、最上級の丁寧な言葉であったのだ。ehi を用いた授戒《じゅかい》／受戒の言葉は、男性出家者たちの詩をまとめた『テーラ・ガーター』の次の一節にも見られる。

そのとき、慈悲深い師であり、全世界を慈《いつく》しむ人〔でいらっしゃるブッダ〕は、「いらっしゃい（ehi）、修行者よ」と私に告げられました。これが私の受戒でした。

（第六二五偈）

このように、釈尊は男性だけでなく、女性たちにも「いらっしゃい」（ehi）と声をかけて授戒をし、仏弟子（男性＝sāvaka、女性＝sāvikā）として受け入れていたのである。『ジャータカ序』には、「いらっしゃい、修行者よ」という方式で三十人の青年たちを出家させたとも記されている。

中村元博士は、『原始仏教の成立』で、釈尊が新しく弟子になろうとする者に対してehiという最上級の丁寧な言葉を使っていたということについて、「万人は平等であり、師も新参者もともに兄弟である」（二一一頁）ことを意味すると述べている。中村博士は言及されていないが、それは、男女の平等についても等しく言えることであった。

仏教におけるジェンダー研究の先駆者であるイギリスの仏教学者、リス・デヴィッズ夫人[1]（一八五七～一九四二）は、『テーラ・ガーター』と『テーリー・ガーター』の両者を言葉遣いや、語法、感情表現、調子などの観点から綿密に比較して、『テーリー・ガーター』の大部分の詩が女性自身の手によって表現されたものであるに違いないと結論している（*Psalms of the Early Buddhists*）。

また、両書を比較して、当時の女性修行者たちの姿をクローズアップし、特に『テーラ・ガーター』において自ら解脱《げだつ》したと述べる男性出家者たちが一三％であるのに対して、『テーリー・ガーター』では二三％もの女性修行者たちが自ら解脱したと語っていることを強調するなど、女性たちの喜びに満ちた姿を明らかにしている。

パーリ聖典協会の四代目の所長をも務めたI・B・ホーナー女史（一八九六～一九八一）は、パーリ聖典の英訳のほかに、主な著書としてリス・デヴィッズ夫人の勧めで一九三〇年に出版した『初期仏教における女性』（*Women under Primitive Buddhism*）がある。これは、釈尊の生存中、およびその直弟子たちの時代にかけての在家の女性と出家の女性たちの置かれた状況を明らかにしたもので、『テーリー・ガーター』や、『ジャータカ』（本《ほん》生《じょう》）[2]、『ミリンダ王の問い』をはじめとするパーリ語の文献に散見される資料を踏まえて論じている。それによって在家と出家の女性たちの精神的な体験を明らかにし、仏教の登場によって、女性たちの生き方に変化が現われたこと、女性たちがそれまでになく平等を享受し、敬意を払われるようになったこと、女性の地位が一般的に改善され始めたことなどを明らかにしている。それとともに、釈尊の滅後、次第に女性修行者の教団の地位は低下していったことも指摘している。

また、オーストリアのインド学者、M・ヴィンテルニッツ（一八六三〜一九三七）は、長老比丘《びく》たちによる『テーラ・ガーター』には内面的な体験が多く、自然描写が重きをなし、外部的な経験に関説することがまれであるのに対して、『テーリー・ガーター』のほうは現実生活の描写に勝れ、一個の人間としての生きざまや、人生の描写が豊かであると指摘している（中野義照訳『仏教文献』、インド文献史、第三巻、八一頁）。そこには、男性修行者の側からの女性蔑視もなければ、女性自身の卑屈さも全く見られない。むしろ、一人ひとりの女性が潑剌《はつらつ》として、修行者としての誇りに満ちて自らの体験を語り、解脱し、覚りを得て、安らぎに到った喜びをつづっている。このように、原始仏教において覚りは、男女間で全く平等であったということがうかがわれる。

『テーリー・ガーター』の概略は以上の通りであるが、その詩集の意義をインド仏教史のなかで見てみよう。

インド仏教史の概略

日本に伝わった仏教は、ガンダーラからシルクロードを通じて中国・朝鮮を経て伝わったもので、北伝仏教と称される。ガンダーラや、カシュミールなどの西北インドでは釈尊滅後に教団の保守・権威主義化が顕著になり、男性・出家者中心主義となり、自分たちに都合の悪いことはブッダの言葉であっても削除したり、自分たちに都合のよい有利な言葉を付加増広したりして改竄《かいざん》するということが行なわれた（中村元著『原始仏教から大乗仏教へ』八五頁）。

それに対して、スリランカに伝えられた仏典は、ほとんど手を加えられることなく今日まで伝えられ、南伝仏教と呼ばれる。そこには、釈尊のなまの言葉に近いものが多く含まれていると考えられ、歴史的人物としての釈尊とその初期の仏教教団の実像を今日に伝えるものとして重要である。そのような違いがあることから、保守・権威主義化した前者を部派仏教（小乗仏教）、後者を原始仏教（初期仏教）と呼んで区別している。残念なことに、その原始仏教は明治時代の中期に至るまで、わが国では知られることはなかった。

原始仏教と小乗仏教のこのような違いが生ずるに至る経緯を理解するために、インド仏教の簡単な歴史を見ておくことにする。
インド仏教史の概略は、次のように要約できる。

①釈尊在世（前四六三～前三八三）のころ、および直弟子たちによる**原始仏教**（**初期仏教**）の時代。
②前三世紀、アショーカ王の命で息子（あるいは弟）のマヒンダによってセイロン（現スリランカ）に仏教が伝えられる（パーリ語による原始仏教の保存）。
③仏滅後百年たったころ（前三世紀）に行なわれた第二回仏典結集《けつじゅう》の会議で、ヴァイシャーリーの出家者たちが、戒律に関して十項目について緩やかにすべしと主張して対立し、保守的な上座部《じょうざぶ》と進歩的な大衆部《だいしゅぶ》に分裂した（根本分裂）。その後も十八部にまで分裂を繰り返す（枝末《しまつ》分裂）。
④前三世紀末ごろに**部派仏教**（後に**小乗仏教**と貶称《へんしょう》される）の時代に入る。
⑤前二世紀ごろ、「覚り（bodhi）が確定した人（sattva）」、すなわち成道前の釈尊を意味する小乗仏教の菩薩《ぼさつ》（bodhi-sattva）の概念が現われる。
⑥紀元前後ごろ、菩薩の意味を「覚り（bodhi）を求める人（sattva）」と読み替え、覚りを求める人はだれでも菩薩であるとする**大乗仏教**が興る（大小併存の時代）。『般若経《はんにゃきょう》』の成立。

⑦紀元一～二世紀ごろ小乗仏教を弾呵《だんか》する『維摩経《ゆいまきょう》』、紀元一～三世紀ごろ小乗と大乗の対立を止揚《しよう》してだれでも成仏できることを主張する『法華経《ほけきょう》』が成立。
⑧七世紀以降、呪術的世界観やヒンドゥー教と融合して**密教**が興る。
⑨一二〇三年のイスラム教徒によるヴィクラマシーラ寺院襲撃をもってインド仏教は壊滅する。

以上の大まかな流れを念頭に置いて、以下、原始仏教の基本思想と、小乗仏教との違いについて見ていくことにする。

比丘教団の形成

二十九歳で出家したゴータマ・シッダールタ（釈迦《しゃか》族出身の聖者として〝釈尊〟と称される）が三十五歳にして成道《じょうどう》したのは、現在のビハール州ガヤー市の南約十キロメートルに位置するブッダ・ガヤー（仏陀伽耶《ぶっだがや》）というところであった。近くにネーランジャラー河（尼連禅河《にれんぜんが》）が流れ、釈尊の時代には「広い岸辺」を意味するウルヴェーラー（優楼頻螺《うるびんら》）という地名で呼ばれていた。後に〈釈尊がブッダとなったガヤーの地〉という意味で、ブッダ・ガヤーと呼ばれるようになった。それは、近くにあるヒンドゥー教の聖地、ガヤーに対して付けられた名前である。

釈尊は、ブッダ・ガヤーで覚りを得た後、約三百キロメートルの道のりを徒歩で、ヴァーラーナシー（波羅奈《ばらな》、ベナレス）郊外の鹿野苑《ろくやおん》（鹿の園）へと趣き、かつて一緒に修行していた五人の比丘を相手に教えを説き始めた（初転法輪《しょてんぽうりん》）。それによって五人が順次に覚った。その時のことが、サンスクリット文とチベット文で次のように記されている。

そのときじつに世に五人の尊敬されるべき人（阿羅漢《あらかん》[3]）あり、世尊を第六とする。

（中村元訳）

しかも、五人が到達した境地は、釈尊の到達した境地と全く同じ表現で描写されていて、区別されていない。続いて出家した資産家の息子であるヤサも、その五十四人の友人たちについてもそれは同様であった。覚りは、釈尊のみのものではなく、あらゆる人に可能なものであった。こうして教団は、阿羅漢の境地に達した六十一人となった。

そこで釈尊は、「多くの人々の利益・幸福のために、人々を慈しむために歩みを行なえ」「二人して一つの道を行くことなかれ」「世間の人々は、法を聞いて了解するであろう」と全員に伝道を促し、自らも「ウルヴェーラーなるセーナー村に法を説くために趣こう」と語った。

こうして、釈尊は再びブッダ・ガヤーへと舞い戻り、バラモン教の火の行者《ぎょうじゃ》として評判であったカッサパ（迦葉《かしょう》）三兄弟を教化した。それによって、順次にウルヴェーラ・カッサパ（優楼頻螺迦葉《うるびんらかしょう》）とその弟子五百人、ナディー・カッサパ（那提迦葉《なだいかしょう》）とその弟子三百人、ガヤー・カッサパ（伽耶迦葉《がやかしょう》）とその弟子二百人、計千人を弟子として受け入れている。

続いて、マガダ国を訪れた際には、サンジャヤ・ベーラッティプッタという懐疑論者（不決定論者）の弟子であった高名なサーリプッタ（舎利弗《しゃりほつ》）と、モッガッラーナ（目犍連《もっけんれん》）ら二百五十人が弟子となっている。

サンジャヤは、「あの世は存在するか?」といった形而上学《けいじじょうがく》的質問に対して、「私は、『そうだ』とは考えない。『そうらしい』とも考えない。『そうではない』とも考えない。『そうではないのでもない』とも考えない」といった調子で答えるのを常としていた。判断停止の立場を取って、確答を避けていたのである。彼らは、「鰻《うなぎ》のように捉えどころのない議論をなす人」とも呼ばれた。

釈尊にとって、懐疑論者サンジャヤの思想は、成道前の修行の段階で既に乗り越えていたものであった。釈尊は、判断停止を乗り越えて、縁起の理法を積極的に打ち出し、法（真理）に則《のっと》った自己実現、すなわち「真の自己」への目覚めを説いていた。「法」はパーリ語のダンマ（dhamma）、サンスクリット語のダルマ（dharma）の漢訳である。

サンジャヤの弟子であるサーリプッタは、仏弟子となってまだ日が浅かったアッサジから、次のような釈尊の教えの一端を聞いた。

あらゆるものごとは、原因によって生じます。如来《にょらい》（真理の体現者）は、それらの〔あらゆるものごとの〕原因を説かれました。また、それらの〔あらゆるものごとの〕滅尽をも〔説かれます〕。偉大なる修行者は、このように説かれるかたであります。

（『ヴィナヤ』第一巻、四〇頁）

これを聞いてサーリプッタは、「およそ、因縁によって生じたものは、すべて消滅を免れることがない」という法眼《ほうげん》（真理を見る眼）を得た。それを友人のモッガッラーナ（目《もっ》犍連《けんれん》）に告げると、モッガッラーナも法眼を生じた。こうして二人は、サンジャヤの弟子二百五十人とともに釈尊の弟子となった。

この時点までに出家して弟子となった者たちの数を数えると、約千二百五十人となる。それは、みんな男性であった。これが、初転法輪後の初期の教団における出家者の主な構成員である。この数は、経典の冒頭の言葉、「如是我聞《にょぜがもん》」（是《か》くの如《ごと》く我れ聞けり）の四文字に続く、

一時《あるとき》、仏、〇〇国の〇〇に住したまいて、大比丘衆《だいびくしゅ》千二百五十人と倶《とも》なりき。

という定型句となって定着した。

迷信・呪術・占いを否定した釈尊

釈尊の教化を受けて弟子となったカッサパ三兄弟の末弟のガヤー・カッサパは、男性出家者たちの回想を詩でつづった『テーラ・ガーター』において、次のように述べている。

〔ブッダの〕よく説かれた言葉と、法と利を伴った語句を聞いて、私は、あるがままの真実に即した道理を根源的に省察しました。（第三四七偈）

この言葉に仏教の基本思想の一端がうかがわれる。それは、「あるがままの真実に即した道理」（tathaṃ yathāvakaṃ atthaṃ）を説くのが仏教だということである。カッサパ三兄弟は、昔から行なわれてきた火の供犠《くぎ》に対して何らの疑問を抱くこともなく、取り組んできたのであろう。釈尊は、それに対して道理に照らして、ありのままの真実に目を向けさせたのである。

最古の原始仏典である『スッタニパータ』にも、次の言葉がある。

この世において智慧《ちえ》を具《そな》えた修行者は、目覚めた人〔であるブッダ〕の言葉を聞いて、

その〔言葉〕を完全に理解し、あるがままに見るのである。（第二〇二偈）

これは、釈尊の言葉を聞いて、弟子たちが「あるがままに見る」（yathābhūtaṃ passati）ことをなしていたことを示しており、そのような弟子たちのことを「智慧を具えた修行者」としていることがうかがえる。釈尊が、あるがままに見る智慧を重視していたことが、ここからも読み取れよう。

『テーリー・ガーター』にも、「この身体を内面的にも外面的にもあるがままに見ました」（第八五偈）、「〔身心を構成する五つの〕要素（五陰《ごおん》）が生じたり滅したりするのをありのままに観察しながら、〔私の〕心が解脱しました」（第九六偈）、「私は、〔ものごとを〕ありのままに知ることなく、〔覚りを〕得ることもなく、〔迷いの生存を〕輪廻《りんね》していました」（第一五九偈）――など、「あるがままに」「ありのままに」「如実に」を意味するyathābhūtaṃ（＝yathābhuccaṃ）を用いた言葉が多数見られる。

この点を見ると、原始仏教が目指したこととして先ず第一に、ありのままの真実に眼を向けさせることによる**迷信・呪術・ドグマ等の否定**を挙げることができよう。釈尊が、迷信やドグマ等を否定した背景には、当時の既成宗教、特にバラモン教が迷信によって人々の心を迷わせていたという事実があった。その代表的なものが、この火を用いた供犠という迷信である。

宗教的権威であるバラモン階層は、呪術的な祭儀を司《つかさど》っていた。その祭儀は、「ホーマ」と呼ばれる火祭りからなっていた。これは、「ヤジュニャ」と呼ばれる動物供犠、生けにえの儀式である。これには動物ばかりでなく、牛乳やバターなどの乳製品、穀物までもが供物として火の中に投じられ、供物は火の中から煙に乗って天上の神々のところに届くと語られていた。

これに対して、釈尊は「アヒンサー」（不殺生《ふせつしよう》）を唱え、バラモン教のこうした祭儀を「堕落した祭祀《さいし》」として否定した（中村元著『原始仏典を読む』一〇四頁）。「ホーマ」は、漢字で「護摩《ごま》」と書かれ、真言密教に取り入れられている。しかし、実は釈尊はこの「ホーマ」の儀式を否定していたということを忘れてはならない。

火の供犠は、火を燃やすことで過去世からの穢《けが》れをなくすことができると信じられて、行なわれていた。火を神聖なものと考え、火を崇拝することによって身が浄《きよ》められ、苦から解脱することができるというわけだ。これに対して釈尊は、「火によって穢れがなくなるというのなら、朝から晩まで火を燃やして仕事をしている鍛冶屋《かじや》が最も穢れが少なくて、解脱しているはずである。それなのに、カースト制度では最下層に位置付けられているのはどうしたわけであるか」と批判している。道理にかなった常識的な言葉だ。

さらに釈尊は、『サンユッタ・ニカーヤ』[4]第一巻（一六九頁）において次のように述べている。

バラモンよ、木片〔を燃やすこと〕が清らかさを定めると考えてはいけない。それは外側のことにすぎないのである。人が完全なる清らかさを外的なことによって求めるとするならば、その人は実に清らかさを〔得ることは〕ないと善き行ないの人たちは説くのだ。

バラモンよ、私は木片を燃やすことを捨てて、まさに内面的に火を燃やすのだ。永遠の火を輝かせ、常に心を安らかに定めていて、尊敬されるべき人（阿羅漢）である私は、清らかな行ないを行ずるのだ。


バラモン教は、人間の心の外側のことである火の儀式を重視して、形式的な儀式中心主義に陥っていた。それに対して釈尊は、心の内面を輝かせる火こそ重要なものであり、それを「永遠の火」（niccaggini）と言っていた。

『テーリー・ガーター』においてもケーマー尼が、

無知なる愚かな者たちよ。あなたたちは、星宿を礼拝《らいはい》しつつ、林の中で火神に仕えました。ありのままに知ることのない愚かな者たちは、〔それを〕清浄なものだと考えるのです。（第一四三偈）

と述べて、火神に仕える悪魔のことを、「ありのままに知ることのない愚かな者たち」と評している。

ところが、後に仏教がヒンドゥー教の影響で密教化するにつれて、このホーマの儀式が仏教の中心的なものであるかのようになってしまうのだ。

このほか釈尊は、沐浴《もくよく》についての迷信も否定している。それは、この『テーリー・ガーター』の第二三六偈から二五一偈までのプンニカー尼の詩で語られている通りである（詳細は後述）。

迷信の中には、超能力、さらには通力も含まれていると考えてよいだろう。原始仏教では、この超能力や、通力に頼ることも否定している。『ディーガ・ニカーヤ』第一巻（二一三頁）には、神通力を嫌悪する釈尊の次の言葉が出てくる。

ケーヴァッタよ。わたしが神通力（iddhipāṭihāriya）を嫌い、恥じ、ぞっとしていやがるのは、神通力のうちに患い（ādīnava）を見るからである。（中村元訳）

また、『テーリー・ガーター』を読むと、尼僧たちが次々にみんな解脱するけれども、解脱の直前に「三明《さんみょう》六通《ろくつう》」といって通力、超能力みたいなものが現われたと記している。『テーラ・ガーター』と比較してみると、これは、女性出家者のほうに顕著である。ところが、『テーラ・ガーター』では、「智慧第一」とも「真理の将軍」（dhamma-senāpati）とも称されたサーリプッタ（舎利弗）が、次のように漏尽通《ろじんつう》以外の五つの通力を一つひとつ挙げて、それらを得ることを目的としていないと否定していることを見逃してはならない。

それは私にとって空《むな》しくない聴聞《ちょうもん》であり、私は解脱して、煩悩のない者となった。実に、過去世の生活〔を知る通力〕を得るために、ものごとを見透《みとお》す天眼〔の通力〕を得るために、他人の心を読みとる〔通力〕を得るために、死と転生を知る〔通力〕を得るために、聴く働きを浄める〔通力〕を得るために私の誓願が存在するのではない。

（第九九六、九九七偈）

大乗仏典で小乗仏教の典型的人物として描かれているのと違い、歴史的人物としてのサーリプッタは、釈尊の信頼も厚い高潔な人物であった。そのサーリプッタが、最高の聖者としての阿羅漢の得るべきものは、煩悩を滅尽すること（漏尽《ろじん》）であって、①過去世の生活を知る通力（宿命《しゅくみょう》通《つう》）、②ものごとを見透す天眼の通力（天眼通《てんげんつう》）、③他人の心を読みとる通力（他心通《たしんつう》）、④聴く働きを浄める通力（天耳通《てんにつう》）、⑤死と転生を知る通力――を得ることではないと明言していたことは注目すべきことである。

釈尊は、最も古い経典とされる『スッタニパータ』において、バラモン階級をはじめとする人たちが行なっていた呪術《じゅじゅつ》などを用いることを次のように明確に否定している。

師はいわれた。「瑞兆《ずいちょう》の占い、天変地異の占い、夢占い、相の占いを完全にやめ、吉《きっ》凶《きょう》の判断をともにすてた修行者は、正しく世の中を遍歴するであろう」（第三六〇偈）

〔仏教徒は〕アタルヴァ・ヴェーダの呪法《じゅほう》と夢占いと相の占いと星占いとを用いてはならない。鳥獣の声〔を占うこと〕、〔呪術的な〕懐妊術や医術を信奉して、従ったりしてはならない。（第九二七偈）

ここでいう医術とは、当時の迷信じみた呪術的な医術のことである。

『ジャータカ』の中には、「星の運がめでたくない」というアージーヴィカ教徒の言葉にとらわれて、せっかくの結婚を台無しにしてしまいそうになったカップルの話が描かれている。二人に対して、賢者（過去世におけるブッダ）は、次のように語って聞かせた。

星占いが何の役に立つのでしょうか。娘をめとることこそが実に〔めでたい〕星ではないのですか。（第一巻、二五八頁）

星占いによって人生を左右されることの愚かさを指摘し、それを否定しているのだ。

さらには、「不吉」を意味するカーラカンニという名の友人に留守中の家を守らせた豪商・アナータピンディカが、その友人のおかげで財産を奪われずにすんだ話も出ている。アナータピンディカは、

〔人の〕名前は、単に言葉だけのことです。賢者たちは、それを〔判断の〕基準にすることはありません。〔名前を〕聞いて吉凶を判断することだけはあってはならないのです。私は、名前だけのために一緒に泥んこ遊びをした〔幼な〕友だちを捨てることはできません。（同、三六四頁）

と語っている。つまり、姓名判断的な行為も否定していたのである。

こうした迷信やドグマを排して、ものごとを正しく見て、正しく考えて、正しく行動することを教えたのが、八正道《はっしょうどう》（八聖道）であった。『テーリー・ガーター』にも、

〔ブッダは〕①苦しみと、②苦しみの生起と、③苦しみの克服と、④苦しみの滅尽に導く聖なる八つの項目からなる道（八正道）――〔を説かれました〕。（第一八六偈）

といった記述が見られる。誤った考え方は、苦を生み出す原因であり、その「苦しみの止滅に趣《おもむ》く」ために説かれたのが八正道であった。

それは、①正見《しょうけん》（正しく見ること）、②正思《しょうし》（正しく考えること）、③正語《しょうご》（正しく言葉を用いること）、④正業《しょうごう》（正しく振る舞うこと）、⑤正命《しょうみょう》（正しく生活すること）、⑥正精進《しょうしょうじん》（正しく努力すること）、⑦正念《しょうねん》（正しく思念すること）、⑧正定《しょうじょう》（正しく精神統一すること）――の八項目からなる。

いずれも、「正しく」（samyak）という文字が付いている。筆者は初めこれらを見て、「正しく」という副詞を付けても、何をもって「正しい」とするのかを述べなければ、それは何も言っていないに等しいと思っていた。けれども、当時の思想情況を知って納得した。いずれの項目も、バラモン教や、サンジャヤなどの六師《ろくし》外《げ》道《どう》（仏教以外の六人の代表的な自由思想家）が活躍していた当時の思想情況、思考法、実践法を正しながら、ありのままの正しい「法」に目覚めさせるものであったのだ。

当時は、生まれによって貴賤《きせん》が決まるとされたり、その生まれも過去世の業《ごう》によって決定づけられているとしたり、浄・不浄という観念にとらわれて、沐浴によって穢れを浄めようとしたり、呪術に頼ったり、火を礼拝したり、極端な苦行に専念したりするなど不合理なことが横行していた。そうしたことに対する批判的な是正の意味も込めて「八正道」が説かれたのだ。このほか、「中道《ちゅうどう》」、「四聖諦《ししょうたい》」が説かれたのも、ものごとをありのままに見て、通力や、おまじない、迷信、占い、呪術などの誤った考え、不合理な因果のとらえ方などを正すという意味合いがあった。

「真の自己」の覚知を強調した釈尊

このように仏教は、通力や、おまじない、占い、超能力、呪術的な医療、呪術的祭式、儀式偏重などすべてを否定していた。そのようなことよりも重視すべきことは、「あるがままの真実に即した道理」であり、普遍的な真理としての「法」であった。その「法」を自らに体現し、「真の自己」に目覚めることこそが仏教の目指したことであった。本来の仏教は、理知的な教えであって、自覚を重視した宗教であると言っても過言ではない。理知的で自覚を重視するという特徴は、わが国では見失われがちであるようだ。中村元《はじめ》博士は、日本の仏教の受容の仕方について、所詮はシャーマニズムの域を出ることがなかったと指摘している（決定版『日本人の思惟方法』四五五〜四七〇頁）。

その意味では、原始仏教が目指したことの二点目は、**「真の自己」の覚知による一切の迷妄、苦からの解放**であったといえよう。仏教はアナッタン（anattan）、あるいはアナートマン（anātman）を説いたと言われる。前者はパーリ語で、後者はサンスクリット語だが、これが「無我《むが》」、すなわち「我《が》が無い」と漢訳された。このため、仏教は自己を否定するものという誤解を生じた。ところが、原始仏典を読んでいると、「自己を求めよ」「自己を護《まも》れ」「自己を愛せよ」などと積極的に「自己の実現」「自己の完成」を説いていて、「無我」という表現は見当たらない。「我」も「自己」も、アッタン（attan）、あるいはアートマン（ātman）と言う。これに否定を意味する接頭辞 an を付けたのが、アナッタンとアナートマンである。これは「無我」というよりも、「非我《ひが》」（何かが我なのではない）と訳されるべきもので、何か実体的なものを自己として想定し、それに執着することを戒めたものである。

それは、次の『テーリー・ガーター』の一節からも確認される。

心を調え、一点によく集中し、もろもろの形成されたものを〔自己とは異なる〕他のものであり、自己ではない（非我）と観察しなさい。（第一七七偈）

何かに執着し、何かにとらわれた自己にではなく、〝法（dharma、真理）に則って生きる自己〟に目覚めさせようとしたのが仏教であった。これは、仏教が「生まれによってではなく、行ないによって人は貴くも賤《いや》しくもなる」と、法に則った行ないの大切さを説いていたこととも共通する。

だから、原始仏典では「真の自己」と「法」を根本とする生き方が強調された。それは、『マハー・パリニッバーナ・スッタンタ』の次の一節の通りである。

それ故にアーナンダよ、この世において自己という島（洲《す》）に住せよ。自己という帰依処は真の帰依処である。法という島（洲）に〔住せよ〕、法という帰依処は真の帰依処である。

（『ディーガ・ニカーヤ』第二巻、一〇〇頁）

これは、「自帰依《じきえ》」「法帰依《ほうきえ》」[5]と言われる教えである。パーリ語のテキストでは、この一節の後に、「身・受・心・法」について観察すること（四念処《しねんじょ》）が説かれていて、「自帰依」「法帰依」が、「四念処」の実践のことであるかのようになっている。しかし、その個所は、西晋《せいしん》の白法祖《はくほうそ》訳『仏般泥洹経《ぶつはつないおんきょう》』等に欠落し、後世の付加とされる（中村元訳『ブッダ最後の旅』二三二頁）。これは、「四念処」の概念が出来上がった後に、後世の人が「自帰依」「法帰依」の意味することに当たるのだろうと考えて、ここに挿入したのであろう。しかし、それによって「自帰依」「法帰依」の思想が極めて形式的な浅薄なものにされてしまった。

この個所をよく読むと、釈尊の入滅を間近にして、釈尊亡き後に、だれ／何を頼りにすればよいのかと不安をいだくアーナンダ（阿難）[6]に対して、遺言のごとく説かれたものである。「四念処」に結びつけることは、論旨を歪《ゆが》めることにもなる。従って、筆者は「自帰依」「法帰依」と「四念処」を関連づけないことにする。

「自帰依」と「法帰依」は、他者に依存しようとすることを戒めた言葉である。観点を変えれば、〝他者の視線〟を通して自らをとらえ、位置づける生き方を戒めたものともとらえることができる。一人の人間としての自立した生き方は、他者に迎合したり、隷属したり、依存したりするところからは生まれてこない。自らの法（ダルマ）に目覚め、それを依《よ》り所《どころ》とするところに一個の人間としての自立と、尊厳が自覚される。それが仏法の目指したものであり、「ブッダ」（buddha）という言葉が「目覚めた（人）」という意味であるということも、そのことを示している。すなわち、「法（真理）に目覚めた人」であり、かつまた「真の自己に目覚めた人」のことである。

「法」と漢訳された「ダルマ」（dharma）は、インド哲学の重要な概念であり、語源的には「支える」という意味の動詞ドゥフリ（√dhṛ）の名詞形で、「支えるもの」を意味する。事物を事物たらしめ、人間を人間たらしめ、社会を社会たらしめる〝支え〟という意味であり、「真理」「道徳」「規範」「法則」「義務」「宗教」などの意味を持つ。さらには、そうしたことについて説かれた「教え」という意味でも用いられる。また、その「法」によってそうあらしめられた「事物」という意味も持つ。従ってdharmaには「事物」という意味と、「事物を事物たらしめるもの」という両方の意味を併せ持っていて、話が混乱しやすい。それで、「法を法たらしめるもの」という意味のdharmatā（法の本性、法性《ほっしょう》）という語を使って両者を使い分けたように見受けられる。

あらゆる「人」に「法」を具現するのが仏教

中村元博士は、その著『自己の探求』において、この「自帰依」「法帰依」の一節について、

〈自己にたよる〉ことは、すなわち〈法にたよる〉ことである。（ここで「法」というのは、人間の理法、ダルマのことである。）また〈法〉は宙に浮いているものではなくて、必ず人間を通じて具現されるから、〈法にたよる〉ことは〈自己にたよる〉ことになる。（九八頁）

として、「自帰依」と「法帰依」とは一体のものであると述べている。

この「自己」と「法」とは、仏教でよく言う「人《にん》」と「法《ほう》」に相当する。「人」は具体的な人格的側面、「法」は普遍的真理の側面をとらえたものである。このような「人」と「法」の関係を最もよく示した言葉が、『サンユッタ・ニカーヤ』第三巻の次の一節であろう。

ヴァッカリよ、実に法を見るものは私を見る。私を見るものは法を見る。ヴァッカリよ、実に法を見ながら私を見るのであって、私を見ながら法を見るのである。

（一二〇頁）

ブッダを見るということは、特別な存在としてのブッダではなく、そのブッダをブッダたらしめている「法」を見ることであり、その「法」も観念的・抽象的なものとしてあるのではなく、ブッダの人格に歴史的事実として具体化されて価値を生じているというのである。

この人格的側面を意味する「人《にん》」と、不変的真理を意味する「法」という視点は、重要なことを気づかせてくれる。多くの宗教では、特定の「人」を強調する。その「人」は、歴史的にも際立った人物であり、我々とは程遠い存在として絶対化され、駄目な存在である我々は、その「人」に対して「すがる」「頼る」ということが求められる。あるいは西洋的な一神教の絶対者であるゴッドは人格神であり、「人《にん》」ととらえることができよう。そのゴッドは天の国にいて、地の国の我々の目の前には現われてこない。代わりに預言者が絶対者の言葉を預かって我々に語ることになる。そうなると、預言者は背後にゴッドがひかえた特別な立場であり、特権階級になりやすい。その典型が王権神授説であろう。ここには、特権階級の権威付けに利用されて、支配や差別の構造が生まれやすい。

一方、「法」を強調する宗教は、普遍性や平等性は出てくるが、抽象論、理想論、観念論になりやすい。「だれでも平等だ」と繰り返しても、〝現実〟に敗れてしまいがちである。

それに対して、仏教は絶対者を立てない。あえて言えば、人間一人ひとりが絶対者である。特定の「人」ではなく、あらゆる「人」に「法」を具現することが仏教の説いたことであった。

その「法」はブッダのみに開かれているのではなく、誰人《だれびと》にも平等に開かれている。従って、その「法」に目覚め、その「法」を自らに体現すれば、だれでもブッダ、すなわち目覚めた人（覚者）である。釈尊は、自ら「人」と「法」が一体であっただけでなく、あらゆる衆生を「人」と「法」が一体であることに目覚めさせようとしたのである。ここには、支配や差別の構造は生じない。文字通り「法の下の平等」がある。「人」という具体的な生き方に普遍的真理としての「法」が具体化される。それも釈尊独りに限ったことではなく、あらゆる人にである。ここに「自帰依」「法帰依」の意義がある。

ここにおいては、特別な「人」は必要とされない。必要なのはその「法」に導いてくれる「人」である。それは、「善知識《ぜんちしき》」（善き友）と呼ばれた。

釈尊は、「法」に目覚めた「人」であるとともに、生涯、他の修行者と同様に法の探究者であった。釈尊が自らを善き友（善知識）と称して、コーサラ国王パセーナディーに次のように教示していたことからも、その考えがうかがわれる。

わたしを善き友とすることによって、〔中略〕解脱するのである。〔中略〕〈善き友をもち、善き仲間をもち、善き人々に取り巻かれていること〉が清浄行のすべてである〈中略〉。それ故に、あなたはこのように学ばなければなりません。「われは善き友となろう。善き仲間となり、善き人々に取り囲まれるようになろう」と。

（中村元訳『ブッダ　神々との対話』一九二頁）

『自己の探究』において、中村元博士が言われているように、〈自己にたよる〉ことと〈法にたよる〉こととは、普遍的な真理が人格化され、具体化されることによって、両者は一体となり、それぞれが不可欠の関係になってくる。従って、「自らの法に目覚める」ということは、「真の自己」に目覚めることだと言ってもかまわないであろう。これは、単なる「自己」ではなく、普遍的真理としての「法」が具現された「自己」ということで、「真の自己」なのである。それは、釈尊独りに限られたことではなく、万人にもそのまま当てはまることである。それが、本来の仏教の思想であった。

ただ「人」と「法」では、具象的な「人」のほうに目が奪われやすい。具体的なだれかを特別視して、自らを卑下してしまい、「自己」に「法」を体現することを見失いがちである。あるいは、途中に権威主義者が現われて、ストゥーパ（仏塔）や聖地に対する信仰を強調して、人々を「法」と「自己」から視線をそらせ、遠ざけて、自らを権威ある「人」として特別の立場に立とうとすることも出てくる。後世の権威主義化した小乗仏教が、在家や女性を排除していたのは、まさにその類であり、それは、もはや仏教ではないと言っても過言ではない。そのような差別思想に対して、『維摩経《ゆいまきょう》』『涅槃経《ねはんきょう》』などは、「依《え》法《ほう》不《ふ》依《え》人《にん》」（法に依って人に依らざれ）と訴え、『般若経《はんにゃきょう》』は、ストゥーパ信仰を批判して、「法」の集大成としての経典重視を主張し、言わば「原始仏教に還《かえ》れ！」と叫んだ。

それが後述する大乗仏教運動であり、その最たるものが『法華経』であった。

「法」にかなった行為として完成される「真の自己」

中村元博士は「法」と「自己」の関係について『大乗仏教の思想』において、「原始仏教では（中略）真の自己は法にかなった行為的実践のうちにのみ実現されるものであるということを強調した」（一三〇頁）と述べている。大乗仏教においてもその基本的な考えは変わらず、ナーガールジュナ（龍樹《りゅうじゅ》）は、その行為的実践の内容を『中論《ちゅうろん》』観業品《かんごうぼん》第十七において、

> 自己を制し、他人を利益《りやく》し、慈しみに満ちていることが法である。それは、今世においても、後世においても、果報を生み出す種子である。

と述べている。これは、次のように漢訳された。

人能《よ》く心を降伏《ごうぶく》し、衆生を利益すれば、是れを名づけて慈善と為す。二世《にせ》の果報の種なり。（大正蔵、巻三〇、二一頁中）

漢訳には訳出されていないが、原文には「法」がいかなるものであるかが論じられている。そこでは、自己と他者との両面にわたることとして「法」が論じられている。「真の自己」に目覚めることは、利己的になるということではない。「真の自己」に目覚めることとは、他者の「真の自己」に目覚めることでもある。それは、あらゆるものとの関係性の中で存在しているという縁起《えんぎ》の関係としての自己に目覚めることでもあるのだ。ここに他者への慈しみという行為が成立するのである。

その慈しみということを説いた経が、『スッタニパータ』の中の「慈しみの経」（mettā-sutta）といわれるものである。

一切の生きとし生けるものは、幸福で〔あれ〕、安穏であれ、自ら幸せであれ。それらがいかなる生き物・生類であっても、おびえているものでも、動揺することのない〔強い〕ものでも、すべての長いものでも、大きなものでも、中くらいのものでも、短いものでも、微小なものでも、粗大なものでも、〔目で〕見られるものでも、見られないものでも、遠くに住むものでも、近くに〔住む〕ものでも、既に生まれたものでも、これから生まれるものでも、すべての生きとし生けるものは自ら幸せであれ。人は、他人をあざむいてはならない。どこにおいても、だれであっても〔他人を〕軽蔑してはならない。怒りと憎悪の思いから互いに他人の苦しみを望んではならない。あたかも母親が、一人っ子の自分の子どもを命をもって守るように、そのようにすべての生き物に対して無量の〔慈しみの〕心を生ずるべきである。また、全世界において、上に、下に、そして横に、障害なく、怨《うら》みもなく、敵意もなく、無量の慈しみの心を生ずるべきである。立っていても、歩いていても、坐っていても、臥《ふ》していても、眠っていない限り、この〔慈しみの〕念を持《たも》つべきである。この世では、これを崇高な境地と呼ぶのである。

（第一四五～一五一偈）

ここには、純粋な愛としての慈しみ（mettā）の念が説かれている。愛は憎しみに転ずる可能性が否定できない。それに対して、慈しみは愛憎の対立を超えた絶対的な愛である（中村元著『原始仏教の思想Ⅰ』七六二頁）。人を憎むことを釈尊は、『ダンマ・パダ』において次のように戒めていた。

実に、この世においてもろもろの怨みは、怨みによって決して静まることはない。けれども、〔もろもろの怨みは〕怨みのないことによって静まるのである。これは永遠

の真理である。（第五偈）

釈尊は、人を脅迫したり、呪詛《じゆそ》したりすることにも批判的であった。『スッタニパータ』には、歯は汚れ、頭は塵《ちり》だらけのバラモンが、バーヴァリという人のところへ来て、五百金を乞う場面がある。すべてを施した直後だったので、バーヴァリは施しができないことを詫《わ》びた。すると、バラモンは、「〔五百金を〕乞うている私に、もしもあなたが施与しないのであれば、〔今日から〕七日目にあなたの頭は七つに裂けてしまえ！」（第九八三偈）と、呪詛の作法を行なって、脅迫した。バーヴァリは、食べ物も喉を通らないほどに憂い、苦しんだ。そこへ女神（devatā）が現われて、「彼は頭のことを知らないのです。彼は財産を欲しがっている詐欺師《さぎし》です」（第九八七偈）と言った。

バーヴァリは、女神に勧められて釈尊のもとへ弟子の学生《がくしよう》たちを派遣し、頭が裂けることについて質問させた。それに対して釈尊は、次のように語って聞かせた。

無明《むみよう》が、〔その裂けるべき〕頭であると知れ。明知が、信仰と念《おも》いと精神統一と意欲と努力とに結びついて、頭〔という言葉で象徴される無明〕を裂けさせるのである。（第一〇二六偈）

釈尊は「頭が七つに裂ける」というバラモン教で用いられていた脅し文句の意味を塗り替えてしまった。そして、次のように励まして、安心させた。

バーヴァリ・バラモンは、もろもろの弟子とともに楽しくあれ。また学生よ、あなたも楽しくあれ。末長く生きよ。

（第一〇二九偈）

布施《ふせ》の一つに「無畏施《むいせ》」が説かれているように、人に不安感を与えるのではなく、安心感を与えるのが本来の仏教であったのだ。人に恐怖心を与えて布施を強要することなど、あり得べからざることであった。

「真の自己」の実現から他者の慈しみへ

また、自己と他者との関係では、『サンユッタ・ニカーヤ』第一巻に次の一節もある。

あらゆる方向を心が探し求めてみたものの、どこにも自分よりももっと愛《いと》しいものを見出《みいだ》すことは決してなかった。このように、他の人にとっても、自己はそれぞれ愛しいものである。だから、自己を愛するものは、他の人を害してはならないのである。

（七五頁）

これは、「真の自己」に目覚めるがゆえに、自己の存在の重さ、愛しさが自覚され、それはそのまま他者の存在の重さ、愛しさをも自覚することとなり、他人を手段化したり、危害を加えたりするようなことは、もっての外であるということを意味している。

「真の自己」に目覚めることは、自己中心的な生き方とは全く異なっている。自己中心的な生き方は、エゴイズムや貪《とん》・瞋《じん》・癡《ち》の三毒の心を師として、その心に従った生き方だが、「真の自己」に目覚めることは、自らの存在の尊さ、生きていることの意味などに目覚めることであり、それは必然的に他者の存在の尊さ、愛おしさに目覚めることでもある。

仏教では、このように「真の自己」への目覚めを積極的に教えた。ところが、「非我」や「無常」「寂滅《じゃくめつ》」などの否定的表現が多用されていることから、一見してニヒリズムであるかのように思われることもあった。西洋の多くの学者たちからもニヒリズムだと評されたりした。しかしそれは、自己以外の一切のものに執着することを戒めて、自己を凝視して、「真の自己」の実現を目指したものであったのである。その「真の自己」の実現は、他者の「真の自己」の自覚へとつながり、社会性の獲得とともに、やがて慈悲の実践に向かうこととなるのである。世俗的なあらゆるものごとに執着するのを払いのけて、「真の自己」を探究するということが、原始仏教修行者の目的であった。それはまた人間の理想としての「法」の実現であった（中村元著『原始仏教の成立』一四五頁）。

自己の確立を説く原始仏典

このように原始仏典では「真の自己」の探究を強調したが、『ダンマ・パダ』でも自己ということに関して、次のように論じている。

戦場において千の千倍（すなわち百万）の人に勝つ人と、唯《た》だ一つ〔の自己〕に克《か》つ人とでは、実にその〔後者の〕人が戦いの最上の勝利者である。自己に克つことは、他の人々に勝つことよりもすぐれている。自己を調えている人の中で常に自己を抑制している修行者――このような人の勝利したことを敗北したことになすようなことは、神も、ガンダルヴァ（天の伎楽神《ぎがくしん》）も、悪魔も、梵天《ぼんてん》もなすことができない。

（第一〇三～一〇五偈）

あるいは、『ウダーナ・ヴァルガ』第四章にも、次のような一節がある。

賢明な人は、奮起と、不放逸、克己、自制によって〔依り所としての〕島を作る。激流もそれを粉砕することはできない。

（第五偈）

これは、「己に克つ」（克己）ことが、激流にも押し流されることのない依り所としての自己を確立するということを言ったところである。ここで言う「島」も、釈尊が入滅する直前にアーナンダ〔阿難〕に語っていた「自帰依」「法帰依」を示す「自己という島に住せよ」「法という島に住せよ」の「島」と同じ意味であろう。

原始仏典には、このように「己に克つ」という意味で、「自己を調えよ」ということを頻繁に強調している。その代表的なものをいくつか挙げてみよう。

まず、『ダンマ・パダ』から、

もしも自己を愛しいものと知るならば、自己をよく守れ。〔中略〕先《ま》ず自己を正しく確立させ、次いで他人に教えるならば、賢明な人は、汚れに染まることがないであろう。もしも、他人に教える通りに自分にも行なうならば、〔自分を〕よく調えた人こそ、〔他人を〕調えるであろう。〔ところが、〕自己は実に調え難い。自己こそ自分の主《あるじ》である。他人がどうして〔自分の〕主であるはずがあろうか? 自己をよく調えることによって、人は得難き主を得るのだ。

〔第一五七〜一六〇偈〕

みずから自分を責めよ。みずから自己について熟慮せよ。修行僧よ、自己を護《まも》り、正しい念《おも》いを持《たも》っていれば、あなたは安楽に住するであろう。

〔第三七九偈〕

『ウダーナ・ヴァルガ』第十九章からは、

　まさに自己を調えよ。御者《ぎょしゃ》が名馬を〔調教する〕ように。実によく調えられた自己によって、念《おも》いを正し、苦しみの向こう岸へと到《いた》るのである。実に自己こそ自己の主であり、自己が自己のよりどころである。それ故に、自己を調えよ。御者が名馬を〔調教する〕ように。　（第一三、一四偈）

いずれにしても、「真の自己」を覚知（確立）することの重要性を、仏教がいかに強調していたかということがよく分かる。『サンユッタ・ニカーヤ』第一巻（一六九頁）には、「よく調えられた自己は人間の光明《こうみょう》である」(attā sudanto purisassa joti) という言葉も見られる。

仏典では、「真の自己」について論ずる際に、このように馬と御者の関係の譬喩《ひゆ》を用いることがしばしば見られる。感情や、煩悩は放っておくと暴走し始め、どこへ突っ走るのか分からない。それを制御するのが「真の自己」であるということであろう。感情や、煩悩も自己といえるが「真の自己」ではない。このような両者の関係を馬と御者でとらえているのである。初期大乗仏典の一つである『六波羅蜜経《ろくはらみつきょう》』[7] においては、

「心の師とはなるとも、心を師とせざれ」

とある。ここで言う「心」が馬に当たり、「心の師」が御者であり、「真の自己」に相当すると言えよう。「心を師」とすることは、御者不在の馬任せという状態を意味している。

仏教は、このように自らを自制することを強調していたのである。

馬と御者の関係では、中国の天台大師智顗《ちぎ》も『摩訶止観《まかしかん》』において、

快馬《かいば》は鞭影《べんえい》を見て、即《すなわ》ち正路《しょうろ》に到る。（大正蔵、巻四六、一九頁上）

と言っている。快馬とは名馬の意でもある。ここには、名馬といえども正しいコース（正路）を踏み外すことがあるという前提に立っていることがうかがわれる。コースを外れるか否かが名馬の条件なのではない。馬がコースを外れた時に、騎手が鞭《むち》を振り上げる。地面に映ったその鞭の影を見ただけで、鞭打たれる前にハッと気づく。それが名馬だというのだ。仏教は潔癖主義ではないのだ。

原始仏典の『ダンマ・パダ』には、

慚《は》じらいをもって慎んでいて、賢い馬が鞭を気にかけなくていいように、世の非難を

気にかけなくていい人が、この世にだれが居るだろうか？　（第一四三偈）

ともある。仏教では、「真の自己」への覚醒を通した自主性、自律性の確立こそが問われるのだ。鞭で何度打たれても気づけない駄馬であってはならない、と自戒することが強調されている。

『テーリー・ガーター』（第五一〜五三偈）には、釈尊から「汝《なんじ》自身を知りなさい」と声をかけられ「真の自己」に目覚めたウッビリー尼の話が収められている。『サンユッタ・ニカーヤ』第一巻には、釈尊の教えを聞いて、弟子たちが目覚めたという場面に必ず出てくる次のような定型句がある。

素晴らしい。君、ゴータマさんよ。素晴らしい。君、ゴータマさんよ。あたかも、君、ゴータマさんよ、倒れたものを起こすように、あるいは覆われたものを開いてやるように、あるいは〔道に〕迷ったものに道を示すように、あるいは暗闇に油の燈《とも》し火をかかげて眼《まなこ》ある人が色やかたちを見るように、そのように君、ゴータマさんはいろいろな手立てによって法（真理）を明らかにされました。　（一六一頁）

目覚めた弟子たちの発したこの言葉から読み取れることは、仏教は「道に迷ったもの」

に正しい方角を指し示すものであって、道を歩くのは本人の問題であるという前提があるということだ。また、仏教は暗闇の中で燈火《とうか》を掲げるようなものだとも言っている。その明かりによって「色やかたち」を持つものをありのままに見、自己をも如実に見ることができるのである。今まで見えなかった「眼」を見えるようにしてやるのが仏教だと言ってもよいであろう。それは、「法」と「真の自己」に目覚めさせることである。この場合も、「法」と「真の自己」を見るのは本人である。

こうしたことから、「仏教」という言い方は、正確な表現ではない。仏教徒は、「仏が説いた教え」を意味する「仏教」という言い方ではなく、「仏法」（buddha-dharma）という言葉を用いた。これはbuddha（ブッダ）とdharma（ダルマ＝法、真理）の複合語である。それは、「ブッダが覚った真理」「ブッダによって説かれた真理」「ブッダ（目覚めた人）になるための真理」「ブッダをブッダたらしめる法」「人間をブッダ（目覚めた人）たらしめる法」という意味をすべて含んでいる。ブッダが覚って、ブッダによって説かれた真理としてのその「法」は、男女を問わず、在家・出家を問わず、誰人にも開かれたもので、それを覚ればだれでもブッダ（buddha）、すなわち「目覚めた人」（覚者）となることができるものであった。

人間の宗教

原始仏典の中から後世の神格化され人間離れしたブッダ像を選《え》り分け、歴史的人物としての〝人間ブッダ〟の実像を浮き彫りにされた中村元博士は、次のように結論された。

西洋においては絶対者としての神は人間から断絶しているが、仏教においては絶対者（＝仏）は人間の内に存し、いな、人間そのものなのである。

（『原始仏教の社会思想』二六一頁）

だからこそ、原始仏典の古層では「真の自己」に目覚めることを強調していて、決して個々の人間から一歩も離れることはない。人間を原点に見すえた人間主義であり、人間を「真の自己」と「法」に目覚めた人（覚者＝ブッダ）とする「人間の宗教」であった。

私たちは作られた価値観、思いこまされたこと、迷信、権威などによってものごとを考えがちである。あるいは、祟《たた》り、脅《おど》し、恫喝《どうかつ》、罰への不安感、さらには虚栄心などから行動していることが多い。そこに「真の自己」の自覚はない。それどころか、あらゆるものごとの本性や実相を見ることもない。

仏教は、「自己」を離れたところを依り所とするのではなく、ありのままに見ること（如実知見《にょじつちけん》）によって、「真の自己」に目覚めることを最重要のこととし、それに伴って開ける「法」を依り所とするようにと説いた。

仏教は、〝自覚の宗教〟である。自己に目覚めることにより、普遍的で具体的な「法」が立ち現われ、一切のものとのつながりの中に自己を見ようとした。

インドの一般通念による究極の境地の表現

釈尊は、「真の自己」に目覚めた境地を説明するに当たって、「解脱」や「ニッバーナ」（サンスクリット語で「ニルヴァーナ」）といったインドの一般的通念となっていた既存の言葉を用いた。「ニッバーナ」は、「涅槃」と音写され、「安らぎ」を意味している。

インドの人々の宗教的一般通念は、無常なる迷いの生存領域に繰り返し生まれなければならないこと（輪廻）は苦であり、その輪廻から脱却すること（解脱）によって涅槃が得られると考えられていた。ウパニシャッドの哲人たちにとって、それが究極の理想の境地であった。初期の仏教においてもその考えや言葉を用いて仏教の理想とする境地を説明した。人生の真実相を覚った聖者は、生死《しょうじ》を超越しているのだから、輪廻をも超越していることになるということだ。

『テーリー・ガーター』の随所に次のような表現が見られる。


生と死〔を繰り返す輪廻〕から解放されて、〔迷いの〕生存へと導くものは根絶され

ました。（第一一偈）

生まれを繰り返して迷いの世界をめぐることを捨て、〔迷いの生存への〕再生のことを知悉《ちしつ》〔して切断〕することによって、あなたはまさに現世において欲がなく、心が静まったものとなり、〔悠々と〕歩みゆくでしょう。（第一六八偈）

輪廻から脱却することは、迷いの生存として現在、受けている身体は、最後のものだということになる。だから、『テーリー・ガーター』でも「最後の身体」（antima-deha）という表現がしばしば用いられている。

私は、その世尊にお会いしました。これは、〔私の〕最後の身体です。〔私にとって、〕もはや生まれを繰り返して迷いの世界をめぐること（輪廻）は尽きています。再び〔迷いの世界に〕生まれてくることはありません。（第二一偈）

これは、〔私の〕最後の身体です。〔私にとって、〕もはや生まれを繰り返して迷いの世界をめぐることは尽きています。再び〔迷いの世界に〕生まれてくることはありません。（第一六〇偈）

このようにインドの一般通念に妥協的な表現を取ったということは、当時の人々に理解しやすいようにという配慮もあったであろうが、仏教が社会的に認められるようになる前の最初期の段階では、他の諸宗教からの激しい反発を買わないためにという意図もあった。「カムフラージュしながら実質的に大きな転換を行なっていた」（中村元著『原始仏教の思想I』八頁）のだ。そのため、仏弟子たちのことだけでなく、釈尊自身のことまでも自分で「バラモン」と称したりして、後代の仏教徒から見ると全く奇妙な発言がなされることも起こっている（同、五〜六頁）。『テーリー・ガーター』には、「バラモンよ。あなたはブッダであり、あなたは師であります」（第三三六偈）というように、尼僧が釈尊のことを「バラモン」と呼んでいるところもある。

従って、原始仏典を読む際にも、バラモン教から借用して用いられた言葉をそのまま文字通りに受け取ると、誤解を生じてしまうところがあるので注意しなければならない。

次の『テーリー・ガーター』の偈は、バッダー・カピラーニーという尼僧が、マハー・カッサパ（摩《ま》訶《か》迦葉《かしよう》）が究極の覚りを得たことを「バラモンとなった」と表現しているところである。誤解を避けるために「真の」という二文字を〔　〕内に補った。

尊者〔カッサパ〕は〔迷いの〕生存を滅ぼし尽くすに到っており、神通を完成しています。これらの三種の明知によって、三種の明知を具えた〔真の〕バラモンとなった

のです。（第六四偈）

ここには、「三種の明知」（tevijjā、または tisso vijjā）という言葉も出てくる。これは、「三つのヴェーダ〔についての知識〕」を意味していて、アタルヴァ・ヴェーダ（呪文集）を除いた、①リグ・ヴェーダ（讃歌）、②サーマ・ヴェーダ（歌詠）、③ヤジュル・ヴェーダ（散文祭詞）――の三つのヴェーダのことであり、当時のバラモンたちが奉じていたバラモン教の聖典のことである。最初期の仏教においては、「修行を完成した人」のことを「三種の明知を具えた人」と表現した。このように、「覚り」を表現するのに「三種の明知」という言葉をバラモン教から取り入れて用いていた。

そこに、「三種」という文字がついているのは、火の供犠を行なうバラモンたちの奉じていたヴェーダが三種類であったからというだけで、仏教においてその言葉が用いられた当初は、「三種」の具体的内容は深く考えていなかったようだ。ところが、後世になってそこに「三種」とあるので、その三種の具体的内容が議論されたのであろう。①自分の過去世を見通すこと（宿命通）、②あらゆることを見極める智慧（天眼通）、③煩悩を断ち覚ったという自覚を持つこと（漏尽通）――といったことが挙げられているが、その内容は必ずしも一定していない。それは、後からのこじつけだからであろう。

この三つに、天耳通、神足通、他心通の三つを加えて、後世の仏教用語の体系として

「六通」「六神通」というお決まりの表現が成立することになる。ところが、既に述べたようにサーリプッタは、漏尽通以外の五つの通力を得ることが自分の仏道修行の目的ではないと否定していたことを見逃せない。「六通」や「三種の明知」の具体的内容は、迷信や呪術、通力を否定していた本来の仏教からは外れたものであり、筆者はその「三種」の内容を無理に解釈して、こじつける必要はないと考える。

『テーリー・ガーター』には、「修行を完成した人」「覚りを得た人」のことが、次のように「ヴェーダを成就《じょうじゅ》した〔真の〕ヴェーダ学者」と表現された個所も見られる。

> かつて私は、〔バラモンの家系に生まれたという意味で〕ブラフマー神（梵天）の親族でありました。〔ところが、〕今は、真のバラモン（saccaṃ brāhmano）であります。〔私は〕、三つの明知を具え、〔バラモンの聖典である〕ヴェーダを成就した〔真の〕ヴェーダ学者であり、〔真の〕沐浴者《もくよくしゃ》であります。（第二五一偈）

これは、沐浴をしていたバラモンが、プンニカー尼に諭されて、仏教に改心する場面で口にした言葉である。ここには、「〔真の〕沐浴者」といった表現も用いられている。沐浴については、『サンユッタ・ニカーヤ』第一巻に「水を必要としない沐浴」（三八頁）という言葉があるように、文字通りの沐浴を否定して、精神的、道徳的な意味内容に転じられていることが分かる。これと類似した文章は、第二九〇偈にも、バラモンの父親が、娘のローヒニー尼の話を聞いた後に語った言葉として出てくる。

以上のように、仏教の究極の覚りというものを説明するのに、インドの人たちの一般通念となっている言葉を借りて表現しているのがよく分かる。同じ言葉ではあっても、元々の意味とは異なって、仏教的な意味が盛り込まれていることを知らなければならない。既成の言葉で目指していたことの内実は、バラモン教などの既存の教えによって実現されるものではなく、釈尊の教えによって実現されるということであり、ヴェーダ学者が言わんとしていることも、釈尊の教えによって実現されるのであるから、仏教によって「真のヴェーダ学者」となると言えよう。

こうした言葉遣いは、他の宗教に遠慮して発言する必要がなくなってくるに従って、変化していった。釈尊は自分の思想を端的に語るようになる。けれども、すぐには仏教独自の術語を用いることはなかった。中村元博士は「いわゆる仏教的な術語を用いたならば、世人は理解しなかったであろう」と言われた。このように教えを説いて、釈尊の思想が社会に受け入れられるようになってはじめて、仏教独自の仏教用語が用いられるようになった。といっても、妥協的な術語が一掃されたわけではない。「最後の身体」という言葉も、『法華経』で声聞《しょうもん》たちが未来成仏の予言（授記《じゅき》）を受ける場面に頻繁に用いられている。

この『テーリー・ガーター』を読む際には、言葉遣いについて以上のことを念頭に置いて読まないと、バラモン教から借用した言葉の意味にとらわれてしまい、意味不明なことになるかと思う。

「生まれ」による差別を否定した釈尊

原始仏教が目指したことの三点目は、**徹底した平等主義**にあった。一貫して「生まれ」や、「皮膚の色」などによって人が差別されるべきではないと主張した。それは、男女の平等ということも含んでいるのはもちろんのことで、「生まれによって人の貴賤が決まる」という迷信を否定したという意味では、基本思想として仏教の目指したことの一点目とも関連している。仏教は、むしろ、行為（karman）、振る舞いによって人の貴賤が決まると説いた。

インドにおける階層秩序は、皮膚の色（varṇa）によって、大きくバラモン（司祭者）、クシャトリヤ（王族）、ヴァイシャ（庶民）、シュードラ（隷民）という四つの階層秩序に分けられた。『リグ・ヴェーダ』の中の、巨大な原人《げんにん》（puruṣa）から宇宙が展開した経路を説明する「プルシャ（原人）の歌」に、これらの四つのカーストの名前が初めて列挙されている。

〔神々が、原人（puruṣa）を切り刻んだときに、〕彼の口はバラモン（brāhmaṇa）であった。〔彼の〕両腕は王族（rājanya）となされた。彼の太腿《ふともも》は庶民（vaiśya）となされた。彼の両足からは隷民（śūdra）が生みだされた。（X・九〇・一二）

この四つの階層秩序を基にして、地域ごとに分業体制が進んで、職業が世襲化されるようになり、同業者同士が「生まれ」を同じくする集団として結束するようになって、カーストという社会集団が成立していった。インドの身分制度には、「皮膚の色」（varṇa）と、「生まれ」（jāti）の二つの要素が複雑に絡んでいる。だから、外国人の名付けた「カースト制度」という言い方よりも、「ヴァルナ・ジャーティ制度」と言ったほうが正確である。

釈尊は、こうしたバラモン教（ヒンドゥー教）的人間観の社会にあって、「皮膚の色」や、「生まれ」によって身分を分かつカースト制度を批判した。

『スッタニパータ』には、次のような言葉がある。

生まれによって賤《いや》しくなるのではなく、生まれによってバラモンとなるのではない。
行ないによって賤しくなるのであり、行ないによってバラモンとなるのである。
（第一三六偈）

バラモン教の社会にあって、バラモンは尊敬されるべき人と言われていた。その理由は、バラモンの家系に生まれたという一点にあった。このように、生まれが何であるかということによって、人の貴賤が分類されていたわけである。

そういう思想情況にあって釈尊は、「バラモンだから尊敬されるべき人である」という迷信的通念、あるいは権威主義的発想を否定した。そして、「尊敬されるべき人」をもし「バラモン」という名で呼ぶとしたら、それは生まれのいかんによるのではなく、その人の振る舞い、行為、生き方のいかんによってバラモンとなるのであると主張したのである。発想を逆転させてしまったのだ。これは、何もバラモン教の言うバラモンを肯定したものではない。「バラモン」という既成の言葉だけ借りて、その意味内容を塗り替え、それによって実質を伴わせようとしたと言えよう。

『スッタニパータ』では、第一三六偈に続けて、「私は、次にその実例を示そう。それによって、私の説示することを知りなさい」として、犬殺しのマータンガと呼ばれたチャンダーラ（不可触民）のことを次のように語って聞かせた。

その〔マータンガ〕は、神々の道、塵垢《じんく》を離れた大道を登って、欲情を離れて、ブラフマンの世界（梵天界）に趣《おもむ》いた。〔賤しい〕生まれも、かれがブラフマンの世界に生まれることを妨げることはなかったのだ。

（第一三九偈）

バラモン教では、「ブラフマンの世界」に趣くことができないものとしてチャンダーラを挙げていたが、釈尊は、チャンダーラのマータンガがブラフマンの世界に趣いたと明言していたのだ。それは、バラモン教に対する挑戦ともいえるものであった。

また、『サンユッタ・ニカーヤ』第一巻でも、次のように述べている。

多くの呪文をつぶやいても、生まれによってバラモンとなるのではない。〔バラモンといわれる人であっても、心の〕中は、汚物で汚染され欺瞞《ぎまん》にとらわれている。クシャトリヤ（王族）であれ、バラモンであれ、ヴァイシャであれ、シュードラであれ、チャンダーラ（caṇḍāla、旃陀羅《せんだら》）や汚物処理人であれ、精進《しょうじん》に励み、自ら努力し、常に確固として行動する人は、最高の清らかさを得る。このような人たちがバラモンであると知りなさい。（一六六頁）

呪文を唱えて宗教的祭儀を司っていたバラモン階級について、その生まれだけで清らかだとは言えない、その内心は、汚物で汚れているとまで言い切っている。『スッタニパータ』（第二九八～三〇八偈）では、昔は徳行を修め立派であったバラモンが、次第に栄耀栄華《えいようえいが》を求めるようになり、「〔心の〕中は、汚物で汚染され欺瞞にとらわれている」とまで言われるようになったその経過を論じている。

その一方で、不可触民とされたチャンダーラも、その行ないによって「最高の清らかさ」（paramaṃ suddhiṃ）を得ることができると断言している。

釈尊は、出家して袈裟《けさ》を着ていたが、それはチャンダーラたちが身に着けていたものである。袈裟は、「薄汚れた色」「黄赤色」を意味するパーリ語のカサーヤ（kasāya）、サンスクリット語のカシャーヤ（kaṣāya）を音写したものである。その衣は、墓地に捨てられた死体をくるんでいたものである。死体が猛獣に食べられてしまい、布の破片が散らばっているのを拾い集めてつなぎ合わせたものを衣にしていたのだ。死体の体液の染《し》みで汚れ、黄赤色になっていることから、その衣はカサーヤと呼ばれた。あるいは、パーンスクーラ（pāṃsu-kūla、拾い集めたぼろ布で作った衣）と言われることもあり、それは「糞掃衣《ふんぞうえ》」と音写された。カサーヤを着ることは、古代インドではチャンダーラの習俗であり、仏教の修行僧が袈裟をまとっていたのは、意識的に最下の階級であるチャンダーラと同じ境地に身を置いていたからである（中村元著『原始仏教の社会思想』七七頁）。

出家することは、本来、世俗の名誉、名声、利得など一切をかなぐり捨てて、社会の最低辺に置かれた人たちと同じ立場に立つことであった。外見や生まれによってではなく、行ないによって、最高の清らかさを得る在り方を求めたのである。

このように、釈尊は人を賤しくするのも、貴くするのも、その人の行為、振る舞いのいかんによるとして、「生まれ」による差別を否定したのであった。

仏教の画期的な平等思想

こうした言葉が、インドにおいていかに画期的なことであったかということは、カースト制度の実態を知ればよく分かるであろう。

『サンユッタ・ニカーヤ』第一巻に、スンダリカ・バーラドヴァージャというバラモンが、「あなたの生まれ（jāti）は何ですか？」と、釈尊のカーストを尋ねたことが記されている。それに対して釈尊は、次のように答えている。


生まれを尋ねてはいけない。行ないを尋ねよ。火は実に木片から生じる。賤しい家柄（の出）であっても、堅固《けんご》で、慚愧《ざんき》の念で自らを戒めている賢者は、よき生まれ（すなわち高貴）の人となるのである。（一六八頁）

「慚愧の念[8]」、すなわち自らを恥じ入る反省の心をもって自らを戒める。それによって高貴の人となるというのである。

釈尊の時代になると、バラモン階級の権威は弱まっていた。釈尊をはじめとする自由思想家の出現が許されたのは、そうした社会的背景があってのことだった（水野弘元著『釈尊の生涯』一六～二一頁）。従って釈尊は、体制に対して積極的にカースト制度の否定をなすことはなかった。けれども、カースト制度の矛盾を示し、人は皆平等であると、このように機会あるごとに仏教外の人々にも、対話を通して訴えかけていた。ただし、南インドのバラモンの家に生まれ、釈尊の十大弟子の一人で、論議第一と言われたカッチャーヤナ（迦旃延《かせんねん》）は、マドゥラ国の王たちに対して、バラモン、クシャトリヤ、ヴァイシャ、シュードラの四姓が平等であるべきことを説いて回ったと言われる（三枝充悳《さいぐさみつよし》編『インド仏教人名辞典』二四五頁）。

仏教は徹底した平等思想に立っていたので、バラモン教の立てた四姓の階級的区別を全面的に否認していた。ジャイナ教も初めは同じ立場を取っていたが、後世になってカースト制度を承認し、妥協してしまった。それに対して、仏教徒は最後までカースト制度を承認することはなかった。中村元博士は、カースト制度の支配的なインド社会において仏教が永続的に根を下ろすことができなかった理由の一つとして、このカースト制度を承認しなかった点を挙げている（『大乗仏教の思想』五四六頁）。

このように、釈尊の平等観は「人の生まれによって差別が生じるのではない」、その人の振る舞い、行為、生き方によるという点にあった。それなのに、人に差別があるかのように世間で言われているのは、人間が勝手に言葉で規定しただけであると、『スッタニパータ』で次のように言っている。

髪についても、頭、耳、眼、口、鼻、唇《くちびる》、眉《まゆ》、首、肩、腹、背、臀《しり》、胸、陰部、交会《こうえ》、手、足、指、爪、脛《すね》、腿《もも》、容貌、声についても、他の生類《しようるい》の間にあるような、生まれにもとづく特徴〔の区別〕は〔人間同士においては〕決して存在しない。身体を有する〔異なる生き〕ものの間ではそれぞれ区別があるが、人間〔同士〕の間ではこれ〔区別〕は存在しない。名称（言葉）によって、人間の間で差別が〔存在すると〕説かれるのみである。

（第六〇八〜六一一偈）

私たちは、言葉によって概念規定されて、存在しないものも存在するかのように思い込みがちであるが、釈尊も人間における差別が言葉による概念規定によるものであって、人間には本来、差別はないと断言している。

仏教では、「有《う》」（bhāva、存在）を種々に分析しているが、その中に「名有《みようう》」を挙げている。「名有」とは、「兎の角《うさぎつの》」（śaśa-viṣāṇa）や「亀の毛」（kūrma-roma）のように言葉（名）のみが存在していて、現実には存在しないもののことである。ところが、我々は言葉によって、いかにもそれが存在するかのように錯覚してしまう。それを身近な例で教えたのが「兎角亀毛《とかくきもう》」であった。

ここで言う、「人間の間の差別」というものも、「兎角亀毛」と同様に言葉によって存在するかのように思い込まされているのであり、そんなものは本来、存在しないのであると述べている。

また、この中の「他の生類の間にあるような、生まれにもとづく区別」と、「名称（言葉）によって、人間の間で差別が存在する」という一節に注目してみよう。人間の間に存在する差別は、言葉によって作り出されたものだというのだ。言葉は、文化的営みの最たるものである。ということは、「他の生類の間にあるような、生まれにもとづく区別」のほうが生物学的な違いに基づく区別（差別）であるのに対して、「名称（言葉）によって、人間の間で差別が存在する」のほうが社会的、文化的、歴史的に形成された区別であると言える。この視点は、まさに現代のジェンダー論の場合と全く同じである。ただ、異なっているのは、ジェンダーという語が男か女かという違いに即して用いられているのに対して、ここで釈尊は既に男女の違いを乗り超えて「人間として」という立場に立っているという点である。実は、そのこと自体が、既に男女の性差を乗り越えたジェンダー平等であると言えるのではないだろうか。一九七〇年代になって初めて提示されたジェンダー平等の主張をなしていたという視点を、釈尊が既に二千五百年ほど前に持っていて、ジェンダーという点を、釈尊が既に二千五百年ほど前に持っていて、ジェンダー平等の主張をなしていたということは驚きである。

これまで論じてきたように、釈尊は人の「生まれ」による差別をきっぱりと否定していた。このような人間観は、単なる言葉にとどまるものではなく、釈尊の次のような振る舞いや、行ないとしても具体化されていた。

それは、釈尊が生まれ故郷に帰った時のことだ。クシャトリヤに属する釈迦一族の人たちをはじめ、故郷の各階層の人々が出家を申し出た。その時、釈尊はあえてカースト制度では最も身分が低いほうに位置づけられていた理髪師のウパーリ（優波離《うぱり》）9を最初に出家させた。ウパーリを先に出家させることによって、ウパーリが先輩として教団における優位な立場を得られるように配慮したわけである。ここにも身分差別を否定する思想が現われている。

初転法輪の時の釈尊と五人の比丘たちとの生活からも平等思想が読み取れる。釈尊も含めた計六人が二組に分かれ、三人ずつが交代で托鉢《たくはつ》して回り、それで得た食べ物で六人は生活していたが、釈尊自身も、交代で托鉢の当番を受けもっていた（『ヴィナヤ』第一巻、一三頁）。この点においても、釈尊と五比丘との間には何ら区別も差別もなかったということができる。それは、釈尊自身が他の修行僧と同じ資格における修行僧の一人であったことを示すものであり、中村元博士は、それを「平等の精神の具現とも解し得るであろう」（『ゴータマ・ブッダI』四八五頁）と述べている。

ところが、釈尊が神格化されるのに伴って、釈尊を除く三人と二人が交代で托鉢に出かけたという表現に変わってしまっていることに注意しなければならない（拙著『仏教学者中村元』八四〜八六頁）。釈尊を特別視するための後世の改竄《かいざん》である。

ブッダの別称である阿羅漢（arhat、尊敬されるべき人）ということも、釈尊独りに限られたことではなかった。『増壱阿含経《ぞういつあごんきょう》』巻一四には、五人の比丘たちが釈尊の初転法輪に

よって覚りを得たときのことを、

「この時、三千大千刹土《せつど》10に五の阿羅漢あり。仏を第六と為《な》す」

（大正蔵、巻二、六一九頁中）

と記している。これは、既に挙げたサンスクリット文、チベット文と同趣旨である。釈尊と五人の比丘たちとが、全く平等に見なされていた。

それは、在家者についても変わることはなかった。『ジャータカ序』に釈尊が帰郷した時の話として、釈尊の説法《せっぽう》を聞いて父のスッドーダナ（浄飯《じょうぼん》）王が、〈聖者の最初の境地〉に達したことが記されている。さらに、第二、第三の境地を経て、

〈聖者の最高の境地〉に到達した。王には森林中に住んで精励する必要はなかったのである。

（中村元訳）

と述べられている。これは、後の権威主義化した小乗仏教の教義からすれば、とんでもないことになる。出家でもない在家の人間が、〈聖者の最高の境地〉、すなわち阿羅漢に達することを、小乗仏教は決して認めようとしなかったからだ。ところが、釈尊が生きていた

ころの初期の仏教では、世俗の生活のままで最高の境地に達し得ることを明らかに認めていた。事実、そういう人たちがいたのだ。ここには、在家を出家よりも低く見るような考えはかけらもない。

　以上のことから言えることは、「法」の下には釈尊も弟子も、出家も在家も平等であったということである。釈尊は、世界で最初に法を覚った人である。だから、それを他者に説いている。けれどもその法は、釈尊が発明したものでもなく、釈尊の専有物でもない。万人に開かれたものであり、その法を覚ればだれでもブッダとなれる。釈尊もその法を覚ったからブッダとなれたにすぎない。という意味では、法の下では釈尊も弟子たちも平等であり、既に覚った者と、いまだ覚っていない者という違いがあるだけである。現に『スッタニパータ』を見ても、ブッダ（buddha）という言葉が複数形（buddhā）で用いられている（一四頁一六行、一七頁四行、一二行、六八頁六行、九六頁一二行）。ブッダとは、釈尊を示す固有名詞ではなかったのだ。普通名詞であり、もとはと言えば、「目覚める」という意味の動詞ブッドゥフ（√budh）の過去受動分詞で「目覚めた〔人〕」という意味にすぎない。本来、「法」に目覚めればだれでもブッダであったのである。

　そのブッダには、十種の特徴が数えられた。それは、「仏十号《じゅうごう》」、あるいは「如来十号」とも言われ、仏の十種の呼び名[11]のことである。いずれの名前からも「人格の完成」という意味を読み取ることができる。「如来《にょらい》」あるいは「如去《にょこ》」と漢訳された「タターガタ」

(tathāgata) は、tathā (このように) とgata (行った) との複合語と見れば「このように行《い》った」となり、tathāとāgata (来た) の複合語と見れば、「このように来た」ということになる。「善逝《ぜんぜい》」と漢訳されたsugataにしても、su (よく、正しく) とgataの複合語であり、「よく行《い》った」ということで、英語の「well done」(うまくいった) というような意味である。いずれにしても、これらは「修行を完成した人」、あるいは「人格を完成した人」「人格をよく完成した人」という意味を含んでいる。

「アルハン」(阿羅漢) は「尊敬されるべき人」であり、「ローカヴィッド」(loka-vid、世《せ》間解《けんげ》) は「世間をよく知る人」、「アヌッタラ」(anuttara、無上士《むじょうし》) は「人間として最高の人」、「ブッダ」は「真理に目覚めた人」、「バガヴァット」(bhagavat、世尊) は「世に尊敬される人」という意味である。

このように見てきただけでも、いずれも人間離れしたものではなく、人格の完成ということが大きな内容を占めていることが分かる。以上のことを踏まえて「成仏《じょうぶつ》」を現代的に言い直せば、「人格の完成」と言えるのではないかと思う。

仏教は、権威主義的な発想、迷信じみたこと、古い因習によることを一切排して、一人の人間として、いかにあるべきかを問うた。それは、ガヤー・カッサパが「あるがままの真実に即した道理」という言い方をしていた通りである。こうした考えにおいて、男女の違いということは何ら問題となることはなかったのである。

釈尊の目指したことを、原始仏教に描かれた女性たちは、そのままに実践し、自らに具現し、生き生きとした姿を示していた。それは、『テーリー・ガーター』において女性たちが口々に「〔私は〕ブッダの教えをなし遂げました」（kataṃ buddhassa sāsanaṃ）と述べている通りである。歴史上の人物としての釈尊は、文字通り「法の下の平等」を説いていたのである。

尼僧教団の成立と女性哲学者たち

これまで仏教が、迷信やドグマを排し、「法」に基づいた「真の自己」への目覚めを強調していたことを確認してきたが、女性に対する差別という迷信・ドグマも当然、否定されるべきものであった。ありのままに見ること（如実知見《にょじつちけん》）によって、普遍的真理に基づき、「真の自己」に目覚めることに、男女間の格差は存在しないからである。仏教の目指したことからは、女性の平等が論じられるのは必然的なことであった。そのような平等観に立った釈尊の下において、尼僧教団がどのように位置づけられていたのかを見ておこう。

仏教が出現した当初には、尼僧の教団は存在していなかったようである。それは、原始仏教の聖典の中でも最古の聖典とみなされている『スッタニパータ』から推測することができる。そこには、男性修行者のことは出てくるが、女性修行者のことには全く言及されていないからである。また律蔵は、尼僧の教団が遅れて成立したということを伝えている。

当初、尼僧教団が存在していなかったということは、釈尊が女性を全く相手にしていなかったということを意味するのではない。釈尊は、在家の女性たちに対しても等しく教えを説いていたのである。『テーリー・ガーター』の第一五五偈には、在家のアノーパマーという女性が釈尊の教えを聞いて第三の位、すなわち阿羅漢の一つ手前の不還果《ふげんか》に到ったということが記されている。このことからすれば、女性については在家のままで救済することにしていたのであろう。こうした事情があったため、女性の出家者の登場は、釈尊の意図としてではなく、女性の自発的な意志によってもたらされることになった。

釈尊の育ての親（義母）でもあり、また叔母《おば》（姨母《いも》）でもあったマハー・パジャーパティー・ゴータミーが二十数人の女性とともに出家を申し出たのは、既に仏教が隆盛を極めているころのことであった。それをとりなしたのが、アーナンダである。アーナンダが出家したのは釈尊の成道から十五年後のことで、釈尊の侍者となったのは成道後二十年後と見られる[12]。従って、少なくともマハー・パジャーパティーの出家が許されたのは、釈尊成道後十五年以上たってからのことであったと推測される。さらに、以下に示す『パーリ律』のマハー・パジャーパティーの出家要請の場面におけるアーナンダについての記述を見ると、その時点ではまだ釈尊の侍者とはなっていないように見受けられる。従って、尼僧教団の出現は、釈尊の成道（三十五歳）から十五年目以後、二十年目以内の五年間の出来事であったと推測される。それは、釈尊の生存年代として中村元博士の説（紀元前四六三〜同三八三年）を採用すると、紀元前四一三年から同四〇八年に相当している。

『パーリ律』の伝えるところによると、マハー・パジャーパティー・ゴータミーが出家を申し出たのは、釈尊が生まれ故郷のカピラヴァットゥ（迦毘羅衛《かびらえ》）に滞在している時のことであったという。その際、釈尊は躊躇《ちゅうちょ》してそれを許すことはなかった。それから釈尊はヴェーサーリー（毘舎離《びしゃり》国）へと移られた。

マハー・パジャーパティーは、自ら髪を切り、黄赤色の衣を着て、釈迦族の女性何人かを伴ってヴェーサーリーの釈尊のもとへと趣《おもむ》いた。長旅のために足は腫《は》れ、埃《ほこり》にまみれたままで、マハー・パジャーパティーは入口にたたずんでいた。涙を浮かべて悲しんでいるところへ、アーナンダが通りかかり、マハー・パジャーパティーに声をかけた。

この表現から見ると、マハー・パジャーパティーがカピラヴァットゥで出家を申し出た時も、ヴェーサーリーでも、アーナンダは釈尊のそばに付きっきりではなかったようである。この時点で、アーナンダはまだ釈尊の侍者とはなっていなかった。従ってマハー・パジャーパティーの出家は、アーナンダが侍者となる以前、すなわち釈尊の成道後二十年より以前と推測される。

事情を聞いて、アーナンダが釈尊に話を取り持った。アーナンダは二度、三度とお願いしたが、それでも釈尊は許可しなかった。そこでアーナンダは、観点を変えて尋ねた。

尊師よ、女人は、如来によって説かれた法（真理の教え）と律とにおいて、出家して、家のない状態になって、聖者としての流れに入った位（預流果《よるか》）、あるいは、もう一度人間界に生まれてきて覚りを得る位（一来果《いちらいか》）、あるいはもはや二度と迷いの世界に戻ることのない位（不還果《ふげんか》）、あるいは一切の煩悩を断じ尽くした位（阿羅漢果《あらかんか》）を証得することは、果たして可能なのでしょうか？

（『ヴィナヤ』第二巻、二五四頁）

それに対して、釈尊は、

アーナンダよ、女人は、如来によって説かれた法（真理の教え）と律とにおいて、出家して、家のない状態になって、聖者としての流れに入った位（預流果）も、もう一度人間界に生まれてきて覚りを得る位（一来果）も、もはや二度と迷いの世界に戻ることのない位（不還果）も、一切の煩悩を断じ尽くした位（阿羅漢果）も証得することが可能なのです。

（同、二五四頁）

と答えている。この言葉をとらえて、アーナンダはマハー・パジャーパティーの出家の許可を釈尊から取りつけた。

ただし、その際、釈尊は「受戒して百年の比丘尼《びくに》であっても、受戒したばかりの比丘を恭敬すべきである」「比丘尼は、比丘に対して公に訓誡《くんかい》してはならない」といった「八つの条件」（八重法《はちじゆうほう》、八敬法《はちきようほう》）を提示して出家を許可したことになっている。

その「八つの条件」は、女性が教団に加わることで、将来的にトラブルの起こることを心配して付けたものであると、善意で解釈することも可能であるが、むしろ筆者は、釈尊滅後、尼僧教団の存在を疎《うと》ましく思っていた男性修行者たちによって創作・付加された可能性が高いと考えている（それについては、後述する）。

マハー・パジャーパティーの出家を釈尊にとりなしたアーナンダが、「女性は、阿羅漢の覚りを得ることはできないのでしょうか？」と尋ねたことに対して、釈尊が、「そんなことは、ありません。女性も阿羅漢に達することができます」と答えたということは、歴史的事実と見て差し支えないであろう。釈尊滅後、尼僧教団の存在を疎ましく思っていた男性出家者たちによって編纂《へんさん》された仏典にこのようなことが、わざわざ創作・付加されることは考えられないからだ。

「阿羅漢」は、サンスクリット語のアルハット（arhat）の主格形アルハン（arhan）を音写したものである。これは、「～に値する」「～にふさわしくある」を意味する動詞の語根アルフ（√arh）からできた名詞で、「尊敬されるべき人」「供養を受けるに値する人」という意味であり、ブッダの別称であった。

女性の出家を釈尊が許したということは、女性が男性より一段低く見られていて、女性の出家、ましてや覚りを得ることなど全く考えられてもいなかったインドにおいては、まさに驚くべきことであった。それだけでなく、ブッダの別称である阿羅漢に女性もなることができることを釈尊が公言していたことも注目すべきである。
それはまた、世界的に見ても画期的なことであった。仏教が出現して百年ぐらいたったころ、シリア王の大使としてインドのチャンドラグプタ王の宮殿を訪れていたギリシア人[13]のメガステネース（紀元前三〇〇年ごろ）がギリシア語で書いた旅行記『インド誌』（*Ta Indika*）を残しているが、そこには、次のような文章がある。

インドには、驚くべきことがある。そこには女性の哲学者たち（philosophoi）がいて、男性の哲学者たちに伍《ご》して、難解なことを堂々と論議している！　（中村元訳）

「女性の哲学者たち」とは、尼僧のことである。中村元博士は、尼僧の存在は、ジャイナ教にも認められた。けれども、それは相当後のことであり、この時点では仏教の女性修行者のことだとしておられる。というのは、当時のジャイナ教徒は極端な不殺生主義を貫き、口から虫を吸い込んで殺してはいけないと常にマスクをしていただけでなく、「裸形派《らぎょう》」（虚空《こくう》を衣とする人）といって、常に衣服を身に着けない一糸《いっし》まとわぬ姿であった[14]。裸形でいる理由は、既に肉体そのものが霊魂にまとわりつく覆いであり、束縛になっているのに、その上、衣服まで身に着けたらなおさら清浄な霊魂の本性をくらますことになるという（中村元著『思想の自由とジャイナ教』二九六頁）。このため女性の出家は困難であり、ジャイナ教に女性の出家が見られるのは、後に着衣を許す「白衣派《びゃくえ》」が登場してからのことだとして、メガステネースが伝える「女性の哲学者たち」とは、仏教の女性修行者たちのことであると、主張されていた。

ところが、『テーリー・ガーター』の第一〇七偈に、ブッダと出会って弟子になったジャイナ教徒の女性がつづった次の詩がある。

私はかつて、髪を剃《そ》っていて、泥を身に塗り、衣を一枚だけ身に着けて放浪していました。罪のあることにおいて罪がないと考え、罪のないことにおいて罪があると見なしておりました。

これからすると、メガステネースが伝える「女性の哲学者たち」から、ジャイナ教の女性修行者を排除することはできないことになる。ただ、中村元博士の言われる事情から、仏教の女性修行者に比べるとその数は極めて少なかったことだけは指摘できよう。

「男性の哲学者たちに伍して、難解なことを堂々と論議している」ということが誇張ではなく、事実を伝えたものであることは、『テーリー・ガーター』に収められた女性出家者

（therī、長老比丘尼）たちの体験をつづった詩を読めば明らかである。

女性を蔑視しなかった釈尊

ところが、経典を読んでいると、男性出家者（bhikkhu、比丘）の修行における戒めとして、女性のことに触れた個所もあり、この点で女性を差別していたと見る向きもあるようである。しかし、それは釈尊の真意をくんだものではない。

例えば、最も古いといわれる『スッタニパータ』という仏典がある。そこには、次のような表現が見られる。

女に溺《おぼ》れ、酒にひたり、賭博《とばく》に耽《ふけ》って、得たものを得るたびに亡《ほろ》ぼす人がいる。これは破滅への門である。（第一〇六偈）

また、成立の古さにおいて『スッタニパータ』の若干部分と並ぶといわれる『サンユッタ・ニカーヤ』第一巻には、次のような表現が見られる。

愛欲が悪《あ》しき道と言われる。青春は昼夜に尽きるものである。女人は清らかな行ないの汚れである。人々はこれに執着する。（三八頁）

愛欲が悪しき道と言われる。貪欲が法（真理の教え）の障害である。青春は昼夜に尽きるものである。女人は清らかな行ないの汚れである。人々はこれに執着する。

（四三頁）

この部分だけを見ると、仏教では「女性は汚れている」という考えに立っているかのように思えるが、そうではない。引用文を厳密に見てみると、「女人は清らかな行ないの汚れ」（itthi malaṃ brahmacariyassa）とあり、女性そのものが汚れたものとは言っていないことが分かる。「女性」（itthi）と「汚れ」（malaṃ）という言葉の間に「清らかな行ないの」（brahmacariyassa）という条件が付けられている。すなわち、男性の修行者にとって女性は修行の妨げになると言っているにすぎないのだ。

このように、男性修行者にとって、女性が修行の妨げになるという考えはあったけれども、「女性は汚れたものである」とか、「劣ったものである」とかいうような女性蔑視の考えを釈尊は持ち合わせていなかった。

その事実もまた『サンユッタ・ニカーヤ』第一巻に見ることができる。そこに仏の教えを車（ratha）や乗り物（yāna）に例えて説いた個所がある。[15]その車は、真理という車輪（法輪）をはじめ、慚《は》じること（＝制御装置）や、念《おも》いを正していること（＝囲幕）などを車の部品として備えており、法と、正しい見解をそれぞれ御者《ぎょしゃ》と先導者としてニッバーナ

（涅槃）へと向かうものである。そこでは、

その道は「真っ直《ま》ぐ《す》」という名前で、その方角は「恐れがない」という名前で、車は「ガタガタ音を立てない」という名前で、真理の車輪（法輪）[16]を備えている。慚じることは、その車の制御装置であり、念いを正していることはその囲幕である。私は法（真理の教え）を御者と〔呼び〕、正しく見ること（正見《しょうけん》）を先導者と呼ぶ。女性であれ、男性であれ、その人の乗り物（yāna）がこのようであれば、その人は実にこの乗り物によってまさにニッバーナのそばにいる。（三三頁）

と、「法」の下で男女を同等に論じている。

制御装置を備え、囲幕に覆われ、御者がしっかりと手綱を引き締めていて、さらに地理に明るい先導者に導かれている車は、コースをはずすことはないし、迷走することも、暴走することもないだろうし、車外の熱気や、寒気、埃《ほこり》などが身に及ぶこともないであろう。その車はガタガタと音を立てることも、乗っていて不安感に駆られることもなく、安全に目的地に到達できるであろう。それと同様、自らを慚じいる心を持ち、常に自らの念いを正しており、法（真理の教え）に基づいて、ものごとを正しく見るように心がけている人は、ニッバーナという目的地に無事にたどり着けるということをここでは言っている。そ

こにおいては、男だとか、女だとかといった生物学的な性差（sex）などは全く問題外なのである。

パーリ語の「ニッバーナ」（nibbāna）は、サンスクリット語で「ニルヴァーナ」（nirvāṇa）というが、この最後のａの音が落ちて「ニッバーン」、あるいは「ニルヴァーン」となり[17]、これを音写して「泥洹《ないおん》」、あるいは「涅槃《ねはん》」と書かれる。智慧の完成による「安らかな境地」のことである。[18] 智慧の完成において、男女の区別は全く問われることはなかったということがここに読み取れる。

こうした人間観と平等観に基づく釈尊の女性観が実際、どれほど仏教教団の尼僧たちに反映されていたのか、次に見てみることにする。

女性修行者たちを励ます釈尊

仏弟子となった女性修行者たちは、釈尊から時間を無駄に過ごすことなく修行に精進するように励まされていた。『テーリー・ガーター』の第一章「一人ひとりの尼僧（に対する一偈からなる詩の章）」で、釈尊は尼僧たちに激励の言葉を詩で語りかけていた。

見習いの尼僧であるムッター尼に対して釈尊は、「もろもろの束縛から逃れている」「解脱している」という意味の名前の通りに、「解脱した心で、負債なく、〔托鉢で得た〕食べ物を受用するがよい」と励ました（第二偈）。

「満たされている」という意味の名前を持つプンナー尼には、「十五夜の月のようにもろもろの徳によって満ちなさい。智慧を完成して闇の塊を打ち破りなさい」と激励した（第三偈）。

ティッサー尼には、戒《かい》・定《じょう》・慧《え》の三学《さんがく》を学び、すべての束縛を離れて、煩悩もなく、過ごすように勧めている（第四偈）。

また、別のティッサー尼に対して、時間を空しく過ごすことがないように励ました（第五偈）。

ディーラー尼に対しては、想いを静止することによって、この上ない完全な安穏である安らぎ（涅槃）に到ることを勧めている（第六偈）。

また、別のディーラー尼と、ウパサマー尼に対しては、魔との対決において勝利することを教えた（第七、一〇偈）。

「友だち」という意味の名前のミッター尼には、善き友と交わり、善き行ないを修するように励ました。ここで言う「友との交わり」は、おしゃべりや、遊びによる交わりのことではない。修行のためになる「善き友」（善知《ぜんち》識《しき》）との交わりのことである（第八偈）。

バドラー尼にも、善い行ないを促している（第九偈）。

ダンマディンナー尼に対しては、意欲をもって坐《ざ》して心を満たして、欲望に対して執着心を持たない人であるように励ました（第一一偈）。

スマナー尼には、六根・六境・六識の十八界からなる世界は、苦しみからなるものだと見て、迷いの生存への誕生に趣くことがないように諭している（第一四偈）。

老いてから出家したスマナー尼に対しては、さらなる修行を求めることよりも、既に清涼となり、安らぎに達していると述べて温かく励ました（第一六偈）。

愛するものたちを捨てて出家したサンガー尼に対しては、妄執《もうしゅう》をことごとく根絶して安らぎ（涅槃）を得ていることをたたえている（第一八偈）。

以上の言葉を見ても、釈尊は、男性出家者たちだけでなく、女性出家者たちにも等しく修行に励むように激励していたことが読み取れる。その中身も、「智慧の完成」を促し、「魔と対決し、勝利せよ」と教え、「煩悩を離れ、無くすこと」「涅槃に到ること」を目指すように励ましている。また現に「涅槃を得ている」とも女性たちに述べてもいたのである。

阿羅漢の境地を得た尼僧たち

釈尊からこのように励まされた女性たちは、釈尊の教えを実行し、「ブッダの教えを成し遂げ」、「安らかな境地」に達していた。その心境をそれぞれの女性たちが詩でつづった。それが、『テーリー・ガーター』であった。

『テーリー・ガーター』に登場する女性たちは、一様に覚りを得たと表明している。パターチャーラー尼、キサー・ゴータミー尼をはじめとする多くの尼僧たちは、間接的ではあれ阿羅漢を得たことを記している。すなわち、すべての煩悩を断じ、ニルヴァーナという不死の境地に達したという表現で阿羅漢を得たことを表明しているのだ。

このような言葉を拾い出してみよう。

私（ダンマー尼）の心が解脱しました。（第一七偈）

〔サンガー尼は、〕……貪欲・憎悪・無明〔いわゆる貪《とん》・瞋《じん》・癡《ち》の三毒《さんどく》〕を捨て、妄執をことごとく根絶して、実に心が静まったものとなり、安らいでいます。（第一八偈）

私（アバヤマーター尼）は、このように住しているので、愛欲はすべて根絶されています。熱悩は断絶されました。〔私は〕清涼となり、安らぎに達しています。（第三四偈）

その〔尼僧の説かれた〕法を聞いてから、一隅に近づき〔坐り〕ました。〔そこで〕私は、前世の暮らしを知り（宿命通《しゆくみようつう》）、あらゆるものを見通す眼（天眼通《てんげんつう》）を浄めました。（第七〇偈）

心を熟知して、私は、〔他者の心を見通す〕智慧（他心通《たしんつう》）と勝《すぐ》れた耳の働き（天耳通《てんにつう》）を清めました。自在な力（神足通《じんそくつう》）もまた覚り、私は煩悩の滅尽（漏尽通《ろじんつう》）に達しました。〔以上の〕六つの神通力（六通《ろくつう》）を覚って、私はブッダの教えをなし遂げました。（第七一偈）

私（サクラー尼）は、すべての煩悩を断ちました。私は清涼となり、安らいでいます。（第一〇一偈）

「私（ソーナー尼）は心をよく一点に集中していて、無相〔の境地〕を修しました。私はその直後に解脱いたしました。執着することなくして、安らいでいます。（第一〇五偈）

〔私にとって、心身を構成する〕五つの〔要素の〕集まり（五陰）は、〔その本性が〕熟知されていて、根が断たれたものとして存続しています。私は安定した存在根拠（基体）から生じたものであり、実に不動であって、今や〔迷いの世界に〕再生することはありません。（第一〇六偈）

こうした表現は枚挙に暇《いとま》がない。もと遊女であったヴィマラー尼も、次のように語っている。

〔私にとって、〕天上界と人間界のすべての束縛は、断ち切られました。すべての煩悩（漏《ろ》）を捨てて、私は清涼であり、安らいでいます。（第七六偈）

ここには、覚りを得ることができたという表明が、さり気なくなされている。女性が著しく差別されていた当時の社会にあって、自分の人生と生活について赤裸々《せきらら》に詩で表現し、また覚りを得たと表明する女性が多数いたということは驚くべきことである。これは、男性出家者たちの詩を集めた『テーラ・ガーター』と比べてみても、何ら劣るところがない。

次にスンダリーという女性を見てみよう。彼女は、ベナレスのスジャータというバラモンの娘で、兄弟の死に遭遇して悲嘆し、ヴァーセッティー尼の勧めで、釈尊のいるサーヴァッティーへと趣いた。スンダリーがやって来るのを見て、ヴァーセッティー尼が釈尊に言った。

スンダリー尼がやって来るのをご覧ください。解脱していて、〔迷いの〕生存に結びつける素因を滅していて、渇愛《かつあい》を離れ、束縛を断ち、なすべきことをなし終え、煩悩のない女《ひと》を〔ご覧ください〕。（第三三四偈）

これは、明らかに阿羅漢に達しているという表現である。

コーサラ国のサーヴァッティー市に住む長者の娘であったウッパラヴァンナー（蓮華《れんげ》色《じき》）尼はかつて、娘とともに「夫を共有するもの」であった。そのことを知って、ウッパラヴァンナー尼は、身の毛もよだつほどのぞっとする思いにかられ、ラージャガハ（王舎《おうしゃ》城《じょう》）で出家した。やがて、煩悩の消滅に達するが、そこへ悪魔が現われてウッパラヴァンナー尼をそそのかそうとする。それに対して、ウッパラヴァンナー尼は、「私は、心において自在となりました」「（私は）ブッダの教えをなし遂げました」「闇の塊は粉砕されました」「悪魔よ。あなたは、打ち破られているのです」と答えた（第二三三、二三五偈）。これも阿羅漢に到ったことの表明と見ていいであろう。

女性が阿羅漢に到ったということでは、特にサーケータ市に住んでいたマッジャという豪商の娘であるアノーパマー尼の回想は注目される。アノーパマーは、父親が王子や富商の息子たちと、娘との結婚と引き換えに「アノーパマーの体重の八倍の黄金や財宝」をもらい受ける話を進めているのに嫌気がさして出家したという。人間ではなく「もの」として扱われることに失望したのであろう。「自己」とは何なのかという根源的な問いも抱いたのではないか。それだけに、「法」に基づき、「真の自己」の実現を説く釈尊の教えに感ずるものがあったのであろう。

「そのゴータマ〔・ブッダ〕は、慈しんで私のために真理の教え（法）を説かれました。私はその座に坐っていて、第三の果〔すなわち、もはや二度と迷いの世界に戻ることのない位（＝不還果《ふげんか》）〕を体得しました。　（第一五五偈）
それから、〔私は〕髪の毛を切って、出家して家のない状態となりました。私が渇愛を干涸《ひか》らびさせてから、今日でそれは七日目の夜になります」　（第一五六偈）

ここには、初めてブッダの教えを聞いて、即座に第三の位、すなわち阿羅漢の一つ前の位である不還《ふげん》の位に達したとある。この記述からすると、それは在家の時のことである。アノーパマーが出家したのは、この第三の位に到った後のことである。その後に、「渇愛を干涸らびさせて」とあるから、これは不還の次の位で、小乗仏教徒が特別視していた阿羅漢の位を得たということである。

ここには、女性がやすやすと不還果や阿羅漢果に達したことが記されている。在家の女性がブッダの教えを初めて聞いて第三の位に即座に到り、さらに出家後に最後の第四の位である阿羅漢の位に達したことなど、男性出家者中心の小乗仏教の担い手たちからすれば、許容し難い言葉であったであろう。いかんせん、この『テーリー・ガーター』は仏教教団が部派分裂を繰り返し小乗仏教化する以前にスリランカに伝えられ、今日に至ったものであり、この表現が今日まで無事に伝えられた。

阿羅漢は、サンスクリット語で「～に値する」「ふさわしくある」を意味する動詞の語根アルフ（√arh）からできた名詞「アルハット」（arhat）の主格形「アルハン」（arhan）を音写したものであり、「供養に応ずることができる者」という意味であった。その意味をとって、「応供《おうぐ》」と漢訳された。中村元博士は、「尊敬されるべき人」と訳している。それは、「仏の十号」の一つであり、ブッダの別称であった。多くの女性修行者たちが、ブッダの別称とされるその阿羅漢の境地を得たと述べている。それは、マハー・パジャーパティーの出家の際に釈尊がアーナンダに語ったとされる「女性も阿羅漢になることができる」というパーリの律典（vinaya-piṭaka）の小品《しょうぼん》（cullavagga）の言葉とも符合している。こうした点を見ても、釈尊が男女間に本質的な差別を設けていなかったということは明らかである。

ブッダに讃嘆された鍛冶屋の娘スバー尼

カースト制度において鍛冶屋《かじや》は最も低い地位に位置付けられていた。その鍛冶屋の娘であったスバー尼を釈尊は、次のように讃嘆《さんたん》している。

〔ブッダが言われました。〕「真理の教え〔法〕に住しているこの鍛冶屋の娘であったスバー〔尼〕を見るがよい。〔彼女は、もろもろの欲望に対して〕揺るぎない〔境地〕

に達していて、樹木の根もとで瞑想《めいそう》をしています。（第三六二偈）

きょうは、〔半月のうちの〕八日目です。〔スバー尼は、真理にわが身を置くという〕信仰心があり、出家して、正しい教えによって〔名前の通りに〕輝いています。ウッパラヴァンナー（蓮華色）尼によって導かれ、三つの明知を具えていて、死神を撃退しています。（第三六三偈）

この尼僧は、〔もろもろの束縛から〕自由になっていて、負債もなく、もろもろの感覚器官の働きを修していて、あらゆる束縛を断っています。〔スバー尼は、〕なすべきことをなし終え、煩悩はありません」（第三六四偈）

生きとし生けるものの主であるサッカ（帝釈天）は、神通力によって、神々の集団とともにその鍛冶屋の娘のスバーに近づいて、敬礼しました。（第三六五偈）

ブッダが、スバー尼について「〔もろもろの欲望に対して〕揺るぎない〔境地〕に達し」「〔真理にわが身を置くという〕信仰心があり、出家して、正しい教えによって〔名前の通りに〕輝いています」「あらゆる束縛を断っています。〔スバー尼は、〕なすべきことをなし終え、煩悩はありません」と、スバー尼の覚りを証言している。しかも、「生きとし生けるものの主《あるじ》」とされていた帝釈天が、わざわざスバー尼のところに近づいてきて敬礼したという表現まで用いている。カースト制度にとらわれない釈尊の平等思想があふれているといえよう。

誘惑する男性をやりこめたスバー尼

次に男性の誘惑を敢然と振り切って、修行に励んだ女性の話を見てみよう。それは、『テーリー・ガーター』の第十四章の詩をつづったもう一人のスバー尼の話である。

スバー尼は、ラージャガハの富裕なバラモンの娘であった。「スバー」とは、「美しく輝く女」という意味である。釈尊と出会って仏教に帰依し、在俗信者となった。後にマハー・パジャーパティー尼のもとで出家し、「ジーヴァカのマンゴー林に住むスバー尼」と呼ばれた。

あるとき、スバー尼が名医・ジーヴァカ〔耆婆《ぎば》〕のマンゴー林に向かって歩いていると、一人の男性が行く手を遮《さえぎ》った。そして、「あなたは、若くて汚れていない。あなたの出家が何になるのでしょうか？　薄汚れた色の衣を脱ぎ捨てて、〔中略〕花が咲き誇る林の中で楽しみましょう」「カーシー国製の繊細な〔衣服〕を着てください。花環《はなわ》や脂粉《しふん》、口紅を付けてください」「青睡蓮の花の蕾《つぼみ》に似ている〔中略〕あなたの眼を見てからというもの、私の愛欲の本性はますます強くなりました」「清らかに見る〔眼を持つ〕女《ひと》よ。実に私にとってあなたの眼よりも愛すべきものは存在しないのです」と誘惑してきた。

これに対して、スバー尼は、「私にとって、〔ブッダの説かれた〕道によって〔情欲の〕

根源が絶やされているのです」「〔世間には、未《いま》だ真理を〕省察していない女《ひと》、あるいは師に仕えたことのない女がいるでしょう。あなたは、そのような女を誘惑してください。その〔あなた〕が、見識ある女を〔誘惑しても、〕その女に悩まされることでしょう」「〔私には、〕煩悩がありません」と毅然《きぜん》として言い放った（第三八七～三八九偈）。そして、自分の眼をえぐり出してその男に与えた。それは、男にとって相当の驚きであったことであろう。次の言葉で、結ばれている。

するとその男の愛欲の思いは、直ちに消え失《う》せました。そして、その〔スバー尼〕に許しを乞いました。「清らかな行ないの女《ひと》よ。安穏でいらしてください。このようなことは、二度といたしません」（第三九七偈）

原始仏典には、女性は男性修行者にとって修行の妨げとなるということが書かれていると既に述べた。確かに、他の原始仏典と同様、女性修行者たちの詩の集大成であるこの『テーリー・ガーター』自体にも、次のような記述がなされている個所もある。

〔この村では〕女たちが、真理に基づいて生きる修行者たちを容色で束縛します。（第二九四偈）

ところが、スバー尼のつづった詩には、それとは逆に男性が女性修行者の妨げとなる形で登場する。ということは、男性と女性の相互にとって、一方が他方の修行の妨げとなることを戒めていたことになる。このスバー尼の話は、女性にとっては男性も修行の妨げになるとする好例である。

男性と女性のいずれか一方から他方を見れば、それぞれにとって修行の妨げとなると言っているだけで、いずれか一方を悪く言っていたのではないことが分かる。ただ、仏典を編纂したのは男性修行者たちであったことから、男性の側からの言葉が多くなったのは自然の成り行きであった。現存する仏典に女性が修行の妨げとなるという表現が圧倒的に多く見られるのは、そのためであろう。

女性蔑視の悪魔をやりこめたソーマー尼

スバー尼が、男性の誘惑を退けた話なら、次は女性を蔑視する悪魔をやりこめた女性の話である。

『スッタニパータ』には魔の十の軍勢として、①欲望、②嫌悪、③飢渇《けかち》、④妄執、⑤ものうさと睡眠、⑥恐怖、⑦疑惑、⑧みせかけと強情、⑨誤って得られた利得と名声と尊敬と名誉、⑩自己を誉《ほ》め称《たた》えて他人を軽蔑すること――が列挙されている。これらを見ても分かるように、悪魔は心の中に住む煩悩の働きを擬人化したものだといえよう。だから、

『スッタニパータ』には、

心が混乱を感ずるならば、「魔の仲間」〔のせい〕であると〔思って〕、〔これを〕除き去れ。

（第九六七偈）

という表現も見られる。「魔」はmāraを音写した「魔羅《まら》」の略である。中村元著『仏教語大辞典』によると、「魔」の字は中国になかったため、古くは「摩」と書いたが、梁武《りょうぶ》帝が改めて作らせたものだという。けれども、実際はそれ以前に作られていたという。「マ」という発音だけならば、「麻」という音でも間に合う。あえて下に「鬼」という字を書き加えたのは、恐ろしいものというイメージを付加したかったのであろう（中村元著『原始仏典を読む』一六五頁）。

『テーリー・ガーター』には、悪魔がソーマー尼に語りかけた言葉がある。

〔悪魔が言いました。〕「到達し難くて、仙人のみによって得られるべきその境地は、二本指ほどの〔わずかな〕智慧しか持たない女が獲得することはできないのだ」

（第六〇偈）

これは、当時のヒンドゥー社会における女性についての一般通念を悪魔の口を借りて語らせたものであろう。これに対して、ソーマー尼は、

心がよく集中していて、智慧が現に存在している時、正しく真理〔法〕を観察している人にとって、女性であることが一体、何〔の妨げ〕となるのでしょうか。

（第六一偈）

と毅然として答えている。「女人であること」は「智慧が乏しいこと」であると見なしている悪魔に対して、ソーマー尼は、「正しく法を観察し」、また「智慧が生じている」という事実に立って、「女人であること」は智慧を獲得するのに何ら妨げとはならないことを主張している。

これと同文は、『サンユッタ・ニカーヤ』第一巻にも見られる。そこでは、そっくり同じこの文章に次の一節が付加されている。

「私は女であろうか、それとも男であろうか」と、あるいはまた、「私は何ものであろうか」と〔迷っている〕人、その人にこそ悪魔が話しかけることは値するのである。

（一二九頁）

女性を蔑視していたヒンドゥー社会にあって、仏教教団の女性たちは、女性であることに何の引け目も感じることなく、男性と対等に振る舞っていたことをここに見て取ることができるのである。

バラモンの行者を改宗させたプンニカー尼

次は、『テーリー・ガーター』の中で男性のバラモンを説得し、仏教に帰依させた女性の話である。

サーヴァッティーに給孤独《ぎっこどく》長者と称されたスダッタ（須達多《すだつた》、須達《すだつ》）という長者が住んでいた。その長者のところで一人の召使いの女性が働いていたが、その召使いの女性にはプンニカーという娘があった。ある時、出家したプンニカー尼は、「沐浴によって悪業から脱《のが》れることができる」として、寒さを我慢して沐浴しているバラモンの男性修行者に、対話でその矛盾を自覚させ、仏教に帰依させたことがあった。

プンニカー尼は、かつて水汲《みずく》み女であった時、貴婦人たちにしかられたり、罰せられたりすることを恐れて、寒い日にも常に水の中に入って水汲みをしていたことがあった。そのような体験があったことから、プンニカー尼はバラモンに次のように問いかけた。

バラモンよ。あなたは、だれ〔、あるいは何〕を恐れて常に水に入っているのです

か？　あなたは、五体を慄《ふる》わせながら、厳しい寒さを感じています。（第二三七偈）

これに対して、バラモンは、

しかしながら、尊師プンニカーさんよ、あなたは、分かっていながら〔私に〕質問しておられる。〔私は〕善い行ない（善業《ぜんごう》）をなし、悪い行ない（悪業《あくごう》）を防いでいるのだ。（第二三八偈）

また、年老いた人であれ、若い人であれ、悪い行ないをなしたとしても、その人も水浴によって悪業から脱れることができるのだ。（第二三九偈）

と答えた。そこで、プンニカー尼は、

いったいだれが、無知でありながら、無知なあなたに、「水浴によって悪業から解放される」ということを説いたのですか？（第二四〇偈）

〔もしも、あなたの言われる通りであるならば〕、蛙《かえる》も、亀も、龍も、鰐《わに》も、そのほかの水に潜《もぐ》っているものたちも、すべて確実に天上界に趣く（天に生れる）ことになるでありましょう。（第二四一偈）

羊を屠《ほふ》る人も、豚を屠る人も、漁師も、猟師も、盗賊も、死刑執行人も、そのほかの悪業をなすところのそれらの人たちも、水浴によって悪業から脱れることになるでありましょう。（第二四二偈）

もしもこれらの河川〔の流れ〕が、あなたが過去になした悪〔業〕を運び去ってしまうというのであるならば、これら〔の流れ〕は、善〔業〕（功徳）をも運び去ってしまうでしょう。それによって、あなたは〔善からも悪からも〕無縁のものとなってしまうでしょう。（第二四三偈）

と、道理に照らして、その矛盾点を突いた。そして、沐浴自体を自己目的化して、沐浴をすること自体に意義を見出しているバラモンに対して、

「バラモンよ。あなたは常に恐れて水に入っておられますが、まさにそれをなさいますな。バラモンよ。あなたは、ご自分の冷えきった皮膚を害《そこな》わないようにしてください」（第二四四偈）

という言葉を静かに、しかもいささか皮肉を込めて投げかけた。それによって、バラモンの行者は目覚め、「あなたは、邪《よこしま》な道に陥っていた私を、聖なる道に導いてくださいまし

た」（第二四五偈）と語った。

それに対して、プンニカー尼は、

「もしもあなたが苦しみを恐れ、もしもあなたにとって苦しみが憎むべきものであるならば、あらわにでも、ひそかにでも悪しき行ないをなしてはなりません。もしも、悪しき行ないを〔未来に〕なそうとしたり、あるいは〔現在に〕なしたりするならば、たとえ、あなたが苦しみを恐れようが、たとえ、あなたにとって苦しみが憎むべきものであろうが、〔空中に〕飛翔《ひしよう》してから逃げようとしても、あなたは苦しみから免れることはありません」と説き聞かせた（第二四六〜二四八偈）。

苦しみは悪しき行ないの結果なのであり、悪しき行ないをなさないことが、苦しみから免れることである。悪しき行ないをなしたならば、空中に飛んで逃げようとしても、水に流そうとしても、苦しみから逃れることはできないということを説き聞かせた。そして、「ブッダと、真理の教えと、修行者の集い」に帰依するように促した。

それを聞いて、バラモンの行者は、「私は、そのようなブッダ〔仏〕と、真理の教え〔法〕と、修行者の集い〔僧〕に帰依します。もろもろの〔仏教徒として守るべき〕戒めを受持《じゆじ》します」と、〈仏・法・僧〉の三宝に帰依する決意を述べるに至っている（第二五〇偈）。

ここには、プンニカー尼という社会的には召使いの娘で、水汲み女であった女性との対話によって、社会的には最高の権威と言われるバラモンの行者が、三宝に帰依したということがさり気なく書かれている。けれども、これは、男尊女卑の著しい当時のヒンドゥー社会の事情を考えると、重大な出来事であったことを知らなければならない。プンニカー尼が仏教に帰依させたバラモンは、仏典にはその性別が書かれていないが、バラモンの行者ということから当然、男性である。男性優位で女性蔑視の著しいヒンドゥー社会において女性が、しかもバラモンの行者である男性を改宗させたということは、大変なことであり、画期的な出来事であったのである。中村元博士に、そのことを確認すると「全くその通りです」と同意しておられた。

以上の言葉を見てくると、プンニカー尼の言葉が大変に合理的であり、道理にかなったものであることが納得できよう。全く迷信のかけらも見られないのだ。この「解説」の初めのほうで、仏教は「あるがままの真実に即した道理」によって迷信を否定していたと論じたが、ここにも迷信を排除した仏教の特質がうかがわれる。これまで論じてきたように、『テーリー・ガーター』に登場する女性たちは、解脱し、覚りを得て、完全な安らぎに達していただけでなく、女性であるということが何ら男性に劣るという理由にはならないと主張し、迷信的なことにとらわれていたバラモンの男性修行者をも説得して、道理に目覚めさせ、仏教に帰依させたりもしている。女性修行者たちの自信に満ちた堂々たる姿が彷《ほう》彿《ふつ》としてくる。こうした姿を見れば、ギリシア人のメガステネースが驚いたというのも納得できることである。
次に、子どもを亡くした三人の母親の話を見てみよう。

子を失った母・ヴァーシッティー尼

ヴァーシッティー尼は、子どもを亡くして、心が錯乱《さくらん》し、思いが乱れ、四つ辻や、ごみ捨て場や、死骸《しがい》を棄《す》てる場所や、大道を三年間もの間、髪をふり乱して、裸でさまよっていた。そんな時に釈尊と出会って弟子となった。ヴァーシッティー尼は、そのときのことを次のように述懐している。

その時、人格を完成された人〔善逝《ぜんぜい》〕で、調練されてない人を調練する人〔調御丈夫《じょうごじょうぶ》〕、完全に覚っておられる人〔正遍知《しょうへんち》〕、どこにも恐怖のない人〔であるブッダ〕がミティラー市に行かれたのを見ました。（第一三五偈）

私は、自分の心を取り戻した後で、敬礼し、〔ブッダに〕近づき〔坐り〕ました。そのゴータマ〔・ブッダ〕は慈しんで私のために真理の教え（法）を説かれました。（第一三六偈）

その〔ブッダの説かれる〕教えを聞いて、私は出家して家のない状態になりました。師の言葉において努力しつつ、幸せな境地を覚りました。（第一三七偈）

すべての悲しみは絶やされ、断たれ、ここに終極しています。もろもろの悲しみが生起する根源について、私はまさに完全に知り尽くしたのであります。（第一三八偈）

ここには、釈尊の説いた教えを聞いて、子どもを亡くした悲嘆から目覚め、覚りを得たことが述べられている。ここから、釈尊が悲嘆にくれた在家の女性に対して慈しみをもって教えを説いていたという事実が読み取れよう。

夫や子を失ったキサー・ゴータミー尼

キサー・ゴータミーは、サーヴァッティー市の貧しい家に生まれた。痩《や》せていたので、キサー（痩せた）・ゴータミー（瞿曇弥《くどんみ》、憍曇弥《きょうどんみ》）と呼ばれていた。嫁にいって男の子を出産するが、子どもが死んでしまう。その亡骸《なきがら》を抱いて街の中を、「子どもを生き返らせる薬をください」と、さまよい歩く。人々は、彼女をあざ笑った。

釈尊は、キサー・ゴータミーをあわれに思い、「私が生き返らせてあげよう」と声をかけた。「そのためには、農家からカラシの実をもらってこなければならない」と。

それは、キサー・ゴータミーにとって、まさに文字通りの「地獄に仏」とも言うべき言葉であった。キサー・ゴータミーは喜び勇んで農家へと向かった。釈尊は、その背後から、「ただし、その家からは一人も死者を出したことがない家でなければならない」

という条件を付け加えた。

キサー・ゴータミーは、一軒一軒訪ねて回る。ところが、どこにも死者を出したことのない家などあるはずもない。どの家でも、「祖母が亡くなった」「祖父が亡くなった」「母が亡くなった」「父が亡くなった」「妻が……」「夫が……」「子どもが……」――という言葉が返ってくる。それを繰り返しているうちに、狂気から我に返る。子どもの死という事実を事実として見ることができなかった、あるいは見ようとしなかったゴータミーが、死という厳粛なる事実を直視したのであろう。こうして、真理に目覚め、釈尊の弟子となった[19]。

このようなエピソードが語り継がれているキサー・ゴータミー尼は、『テーリー・ガーター』において次のように述懐している。

出産間近となった私は、〔家に〕戻る途中に夫が路で死んでいるのを見つけました。〔しかも、途中で〕出産してしまったので、私は自分の家にたどり着くことができませんでした。（第二一八偈）

あわれな女〔である私〕にとって、二人の子どもが死に至り、夫が路上で死に、母と父と兄弟たちも一緒にまとめて積まれて火葬されました。（第二一九偈）

……………………………………

それからさらに、私は〔死骸を放置する〕墓場の中で子どもの肉が〔動物に〕食べられているのを見ました。〔私は、〕家系が断絶したものであり、夫に先立たれ、あらゆる人に嘲笑《ちようしよう》されるものでした。〔その私が、〕不死〔の道〕を獲得しました。

（第二二一偈）

私は、不死へと導く聖なる八つの項目からなる道（八正道）を修しました。私は、安らぎ（涅槃）を覚り、真理を映し出す鏡を見ました。

（第二二二偈）

この詩の結びの部分には、

心が完全に解脱している長老のキサー・ゴータミー尼は、この〔詩〕を詠みました。

（第二二三偈）

と書かれている。ここにも、覚りを得たことの表明がなされている。

子を失った母・ウッビリー尼

ウッビリー尼は、出家前にはコーサラ（拘薩羅《こうさら》、憍薩羅《きようさら》）国[20]の王妃であったが、ジーヴァーという娘を亡くして林で泣き叫んでいた。釈尊は、ウッビリーのところへ歩み寄って語りかけた。

母よ。あなたは、林の中で「ジーヴァーが……」と言って号泣している。ウッビリーよ。汝《なんじ》自身を知りなさい。ジーヴァーという名前を持つ八万四千人〔の娘〕がすべてこの墓地で荼毘《だび》に付されたが、そのうちのだれのことをあなたは嘆いているのか？
（第五一偈）

この言葉で、ハッと我に返ったウッビリーは、

あなたは、私の心臓に刺さっていた目に見えない矢を引き抜いてくださいました。悲しみに打ち負かされていた私のために、〔亡くなった〕娘の悲しみを取り除いてくださいました。
（第五二偈）

今、その私は、矢を引き抜かれていて、飢渇（妄執）がなく、完全な安らぎを得ています。私は、尊者ブッダ（仏）と真理の教え（法）と修行者の集い（僧）〔の三宝〕に帰依いたします。
（第五三偈）

と言って、出家して釈尊の弟子となった。

釈尊の言葉を聞いてウッビリーは、自分の娘の死から八万四千人、すなわち無数のジーヴァーという名前の娘たちの死へと視野を開くことによって、死という厳粛なる事実を直視したのであろう。また、自分以外の八万四千人のジーヴァーの母親の心をも感じ取ったのではないだろうか。この「八万四千」という数字は、仏典によく出てくるが、極めて大きな数を示す時に用いられる慣用句であり、「無数の」「一切の」といった意味である。

ウッビリー尼の言葉は、極めて素朴な表現ではあるが、釈尊の「汝自身を知りなさい」(attānaṃ adhigaccha)という言葉通り、自己という存在の本源、すなわち「真の自己」を覚知したのであろう。ここにも覚ったことの表明がなされている。しかも、それは出家前のこととしてである。

このように、釈尊は子どもを失ったかわいそうな女性たちを、「真の自己」と法(真理)に目覚めさせ、心を解脱させ、そして安らぎの境地(涅槃)を得させて救ったのだ。

多くの尼僧を指導したパターチャーラー尼

サーヴァッティー市(舎衛城《しゃえいじょう》)の銀行家の娘で、尼僧たちの間で感化力の大きい人であったパターチャーラー尼は、次のような詩を残している。ここには、身の回りの現象を通して解脱に到る象徴的な表現が見られる。

私は、〔仏教徒として守るべき〕戒めを身に具え、師の教えの女性実践者であります。どうして安らぎ（涅槃）に到達しないことがありましょうか。〔私は〕怠けることもなく、浮《うわ》つくこともありません。（第一一三偈）

私は、両足を洗ってから、その水の中で〔灌水《かんすい》を〕なしました。そして、洗足用の水が高いところから低いところへと流れ来るのを見ていて、その時、賢い馬を調教するように私は心を安定させました。（第一一四偈）

それから私は、燈明《とうみょう》を手にとって僧坊に入りました。私は臥《ふ》すところを見渡して、臥《ふし》床《ど》に近づきました。（第一一五偈）

そして私は、針を手にとり燈明の芯《しん》を取り去り〔、火を消し〕ました。〔その時、〕燈明の火が消えるように心の解脱が起こりました。（第一一六偈）

この詩には、安らぎに満ちた心象風景が美しく描写されている。日常生活のもろもろの事象を通して自らの心を省みる女性修行者の心の豊かさが見えてくる。後に小乗仏教の時代になって、修行の困難さを強調するようになるのとは大きな違いである。

『テーリー・ガーター』を見ただけでも、パターチャーラー尼は指導的立場にあったことが推測される。多くの尼僧たちがその名前を挙げて自らの体験を詩につづっている。第一一七偈から第一二一偈には、パターチャーラー尼の教えを聞いて、三十人の尼僧たちが三種の明知を具えるものとなり、煩悩を断ったことを詩につづっている。

また、夫に先立たれ、子どもも友人も親類もなく、家から家へと食べ物を乞い求めても食べ物も着る物も得られず、寒さと暑さに苦しめられながら七年の間、歩き回っていた不運な女性チャンダーと出会うと、パターチャーラー尼は同情してチャンダーを出家させた。そして、最高の目的に向けて教え導き、激励した。それによって、チャンダー尼は「私は〔その〕教えを実践しました。高貴な方の教えは空しいものではありませんでした。〔私は、〕三種の明知を具えたものであり、煩悩がありません」（第一二六偈）と詩につづった。

そのほかにも、パターチャーラー尼は、五百人の尼僧たちに「子どもの死」の受け止め方について教えを説き、尼僧たちは、「悲しみに打ち負かされていた私のために、〔亡くなった〕息子に対する憂いを取り除いてくださいました。今、その私は、矢を引き抜かれていて、飢渇（妄執）がなく、まったき安らぎを得ています」（第一三一～一三二偈）と感慨をつづっている。

ウッタラー尼も、パターチャーラー尼の教えを実践して、闇の塊を打ち破り、三種の明知を具えるものとなり、煩悩を断ったことを記している（第一七五～一八一偈）。

女性の仏弟子を代表する十三人

『テーラ・ガーター』『テーリー・ガーター』がまとめられたのは、釈尊の時代にまでさかのぼることができると既に述べた。当時の女性修行者たちの修行者としての誇りに満ちた溌剌たる姿は、これまで見てきた通りである。

こうした傾向は、しばらく続いたのであろう。少し遅れて成立する『アングッタラ・ニカーヤ』には、多数の仏弟子の中から出家・在家、男女の別なく代表的な人物が選び出されて列挙されている。その代表的人物には、『テーラ・ガーター』『テーリー・ガーター』には出てこない名前も見られることから、その個所がまとめられたのは少し遅れてからのことだと考えられる。

そこには、「わが男性の仏弟子にして比丘《びく》なる者たち」の代表として十大弟子のほかに三十一人の計四十一人、さらに「わが女性の仏弟子にして比丘尼《びくに》なる者たち」の代表として十三人[21]、「わが男性の仏弟子にして優婆塞《うばそく》なる者たち」の代表として説法第一のチッタという資産家など十一人、「わが女性の仏弟子にして優婆夷《うばい》なる者たち」の代表として禅定《ぜんじょう》第一のウッタラーなど十人の名前を挙げている。他の仏典では、在家の女性のうち慈心《じしん》第一としてシャマヴァティー、多聞《たもん》第一としてウッタラーを挙げているものもある。ここでは、在家も出家も、男性も女性も、等しく「仏弟子」（男性＝sāvaka、女性＝sāvikā）として位置づけられている。しかも、仏弟子の代表的な人物として女性の出家者からも、女性の在家者からも選び出されているのである。女性が排除されていないのである。

その『アングッタラ・ニカーヤ』第一巻から、代表的な女性出家者について論じたところを引用しよう。

比丘たちよ、私の女性の弟子である比丘尼たちのうちで、経験を積んだ者たちのうちの最上の人は、マハー・パジャーパティー・ゴータミーである。


大いなる智慧を持つ者たちのうちの〔最上の人は〕、ケーマーである。

神通を有する者たちのうちの〔最上の人は〕、ウッパラヴァンナーである。

戒律を持《たも》つ者たちのうちの〔最上の人は〕、パターチャーラーである。

法を説く者たちのうちの〔最上の人は〕、ダンマディンナーである。

禅定に専念する者たちのうちの〔最上の人は〕、ナンダーである。

精進に励んだ者たちのうちの〔最上の人は〕、ソーナーである。

天眼を持つ者たちのうちの〔最上の人は〕、サクラーである。

速やかに理解する者たちのうちの〔最上の人は〕、バッダー・クンダラケーサーである。

前世の暮らしを思い出す者たちのうちの〔最上の人は〕、バッダー・カピラーニーである。

大いなる神通力を得た者たちのうちの〔最上の人は〕、バッダー・カッチャーナーである。
粗末な衣を身に着けた者たちのうちの〔最上の人は〕、キサー・ゴータミーである。
信によって理解を得た者たちのうちの〔最上の人は〕、シガーラの母である。
（二五頁）

それぞれの特質としてここに掲げられた項目は、男性出家者ともほぼ共通している。『マッジマ・ニカーヤ』に列挙された女性出家者の代表と、それぞれに対応する男性出家者の名前を【表】にすると、次頁のようになる。

サーリプッタ（舎利弗）とともに、「大いなる智慧を持つ者たちのうちの最上の人」（智慧第一）とされたケーマー尼は、合理的思考を徹底して、男性修行者たちにひけを取ることはなかったし、「法を説く者たちのうちの最上の人」（説法第一）とされたダンマディンナー尼も、智慧が勝れ、男性に向かってしばしば法を説いていたという（中村元著『仏弟子の生涯』三八九頁）。この点においても、ギリシア人のメガステネースが、「インドには、驚くべきことがある。そこには女性の哲学者たちがいて、男性の哲学者たちに伍して、難解なことを堂々と論議している！」（中村元訳）と記録していたことと符合していることが分かる。

また、【表】に挙げられたバッダー・カピラーニーは、『テーリー・ガーター』において、

	女性出家者名	対応する男性出家者名
経験第一	マハー・パジャーパティー・ゴータミー	アンニャー・コンダンニャ（憍陳如《きょうじんにょ》）
智慧第一	ケーマー	サーリプッタ（舎利弗《しゃりほつ》）
神通第一	ウッパラヴァンナー	マハー・モッガッラーナ（目犍連《もっけんれん》）
持律第一	パターチャーラー	ウパーリ（優波離《うぱり》）
説法第一	ダンマディンナー	プンナ・マンターニの子（富楼那《ふるな》）
禅定第一	ナンダー	カンカー・レーヴァタ
精進第一	ソーナー	ソーナ・コーリヴィーサ
天眼第一	サクラー	アヌルッダ（阿那律《あなりつ》）
理解第一	バッダー・クンダラケーサー	バーヒヤ・ダールチーリヤ
前世の記憶第一	バッダー・カピラーニー	ソービタ
大神通第一	バッダー・カッチャーナー	――
粗衣第一	キサー・ゴータミー	モーガラージャ
信解第一	シガーラの母	ヴァッカリ

マハー・カッサパ（摩訶迦葉）と自分自身とを比較して、その共通性を論じている。マハー・カッサパは、「ブッダの子にしてブッダの後継者」と言われるように、釈尊滅後の後継者となった人物である。そのマハー・カッサパについて、バッダー・カピラーニーは、初めに、心を安定させていて、三種の明知を得た尊貴なる人であると称《たた》え、それに続く偈で、次のようにつづっている。

まさに同じように、〔私、〕バッダー・カピラーニーも、三種の明知を具え、死魔を退けていて、軍勢を伴った悪魔に勝利して、最後の身体をたもっています。（第六五偈）
世間に禍《わざわい》があるのを見て、〔尊者マハー・カッサパと〕私の二人は出家いたしました。かくして、私たち〔二人〕は煩悩を滅ぼしていて、〔心を〕制御して、実に清涼になり、安らぎに達したのです。（第六六偈）

ここで「私たち二人」というのは、もちろんマハー・カッサパとバッダー・カピラーニーのことである。この二人は、バッダー・カピラーニーがマハー・カッサパから直接、指導を受けて覚りを得たという関係にあった（中村元著『仏弟子の生涯』五七二頁）。このように釈尊滅後、教団の中心者となる人物と並べて、女性修行者が「私たち二人」と称してその共通性を語った詩が残っているということは、女性修行者たちの立場が低く見られていなかったことを意味していよう。

こうしたことを考慮しても、先の『アングッタラ・ニカーヤ』の代表的仏弟子についての記述は、男性修行者たちと何らの格差もなく活躍する女性修行者たちが存在していたことをうかがわせてくれる。

ヒンドゥー社会の女性観

紀元前一五〇〇年ごろ、インドに侵入し始めたアーリア人たちは、バラモン教を形成するに至ったが、さらにインド原住民たちの土着的な神々を融合的に取り入れていった。こうして形成されたのがヒンドゥー教である。

原始仏教の平等観に裏付けされた女性観が、いかに卓越したものであったかを知るために、そのヒンドゥー社会の女性観を見てみよう。釈尊を中心とする仏教教団がどんなに男女平等であったといっても、インドの人口からすれば微々たるものである。仏教教団を取り巻いていたのはヒンドゥー社会であった。それは、女性を「不浄」「邪悪」「軽薄」「淫《みだ》ら」なものと見るバラモン教の社会である。

インド最古の文献で、紀元前一二〇〇年から同一〇〇〇年ごろに作成され、紀元前一〇〇〇年から同八〇〇年ごろに現在の形にまとめられたバラモン教の聖典『リグ・ヴェーダ』には、「女人の心は正し難く、知性は軽薄である」「女の心はハイエナの心である」とある。

また、紀元三、四世紀ごろ成立した古代インドの宗教的・哲学的・神話的叙事詩であるヒンドゥー教の聖典『マハー・バーラタ』には「女は破滅に関わりがある」「女は本質的に邪悪で、精神的に汚れ、解脱の邪魔である」「女は自制することができず、祭祀《さいし》のうえで不浄である」「女は虫も殺さないような顔をしているが、心は情欲の炎が燃え盛っている」「女は嘘《うそ》の権化《ごんげ》であり、女の涙と抗議は取るに足りない」「女はあらゆるものを食いつくす呪《のろ》いである」といった言葉が見られる。

紀元前二世紀から紀元二世紀までに成立したヒンドゥー教の法典『マヌ法典』には、「この世において、男たちを堕落させることが女たちの本性である」「女たちは、世間において愚者ばかりか賢者までをも、愛欲と怒りの力に従わせ、悪しき道に導く」「生来の男を追いかけ回す心、移り気、薄情さから、女は夫たちを裏切るのである」といった言葉がある。

さらには、次のような言葉も見られる。

①穀物と非貴金属と家畜を盗むこと、酒を飲む女を強姦《ごうかん》すること、②女・シュードラ・ヴァイシャ・クシャトリヤを殺害すること、そして③不信仰は準大罪である。

①は窃盗罪と性犯罪のことだが、穀物や家畜を盗む罪と、酔っ払った女性をレイプすることとが同列に扱われている。②は殺人罪だが、同じ殺人でも、順番の後に行くに従って罪は重くなっている。最も重いのが、大罪のバラモン殺しである。その次が、準大罪のクシャトリヤ殺し、ヴァイシャ殺し、シュードラ殺しで、カースト制度の順番通りになっている。女性殺しは、それ以下になっている。

そのようなヒンドゥー社会で女性をどのように位置づけていたのか。『マヌ法典』には「産むもの、すなわち妻」「女は出産のために、男は家系を絶やさないために創造された」「女は畑で、男は種子」とある。「種子と母胎では、種子のほうが秀でている」という遺伝子生物学を否定するような言葉も見られる。それは、サンスクリット文法にも反映され、父親は出所を示す奪格《だっかく》（〜から、ablative）で、母親は場所を示す処格《しょかく》（〜で、locative）で示される（拙著『仏教のなかの男女観』第三章参照）。

こうした女性観は、ヒンドゥー教の先祖供養の在り方に関係している。ヒンドゥー教では、先祖に対する宗教的義務として先祖供養を重視している。その祭祀を執り行なうのは、長男でなければならない。家長が亡くなって、先祖供養を継承する男子がいなくなることは極めて不吉なこととして、恐れられている。その先祖供養を断絶させないために、女性は一日でも早く、一人でも多くの男の子を産んで、亡き先祖や、親、兄弟たちを安心させなければならなかった。

こうして長男が重視される半面、娘は厄介者《やっかいもの》とされ、幼女殺しも多発した。女性の役割は男の子を産むということに位置づけられ、結婚して男の子を産んではじめて一人前として扱われた。だから、結婚しない女性は、軽んじられていた。その違いを森本達雄氏（一九二八～二〇一六）は「女は弱し、されど母は強し」（『ヒンドゥー教――インドの聖と俗』）と表現している。

古代インドの祭式を説明したブラーフマナ文献の一つ『アイタレーヤ・ブラーフマナ』に、

家畜は結婚資金、妻は友、娘は厄介者、息子は最高天の光である。

とあるのも、こうした考えを如実に物語っている。

『マヌ法典』には、結婚について「〔父親が、夫となるものに娘を〕与えることによって、〔夫の妻に対する〕所有権が発生する」とあり、女性は「与えられるもの」と規定されている。

結婚は、父親が娘を花嫁として花婿に「与える」（√dā、あるいはpra-√dā）ことであって、いわば娘に対する父親の支配や、所有権を花婿の手に移行することを意味していた。『マヌ法典』の三・二八条から三・三〇条まで、その娘の与え方が規定されている。インドでは今日に至るまで、女性たちは自分の結婚相手を自らの意思で選ぶことは許されず、父親がすべてを取り決める。「ダー」（√dā）や「プラダー」（pra-√dā）という動詞は、日本語の「嫁にやる」というニュアンスではない。父親の側からは、「与える」という表現がなされているが、夫となる者の側からは、「〔妻を〕めとる」ことは、「連れてくる」（ā-√nī）という表現が用いられていた（『テーラ・ガーター』第七二偈）。『テーリー・ガーター』には、何度嫁にいってもその度ごとに夫に嫌われたイシダーシー尼が、出家前のその体験を語る場面が出てくる。その中に、

ある時、サーケータから求婚者が私のところへやって来ました。多くの財宝を持つ最高の家柄の長者です。父は、その人の嫁に私を与えました。（第四〇六偈）

とある。この中の「与えました」は、動詞√dāの第三類アオリスト（無限定過去）である adāsi が用いられている。同じく第四六二偈にも、父親が娘のスメーダーに「あなたは〔妻として〕与えられています」と話して聞かせる一節が出てくる。ここに、『マヌ法典』に規定されていたことの実際を確認できる。

このような結婚の在り方に娘たちが疑いをもったり、間違いを起こしたりすることを恐れて、父親たちは早めに結婚させてしまうようになった。これがインドで幼児婚を生み出

す要因となった。

小乗仏教における女性の地位低下

ヒンドゥー社会の女性観に比べ、これまで述べてきた釈尊の平等思想がいかに際立っているかは一目瞭然である。ところが、仏教を取り巻く社会は著しい女性差別の社会で、釈尊の滅後、次第に女性軽視の思想が教団内にも入りこんだ。それは約百年がかりで進行し、紀元前三世紀末には完全に女性が軽んじられるようになった。それは、在家に対しても同じことであった。

その平等思想は、釈尊存命中は教団内で具体化されていた。そのころの教団の出家者たちは、まだ高徳な人たちであったのであろう。当時の出家者のことを『テーリー・ガーター』の第二七一偈から第二九〇偈にローヒニー尼が、詳細に記録している。彼らは、「清らかな行ないをなす人たち」（第二七六偈）であり、「潔白な徳が満ちて」（第二七八偈）いて、「博識（多聞《たもん》）であり、真理に基づいて生きる聖なる人たち」（第二七九偈）であった。また、次のような個所も見られる。

彼らは、〔食糧をはじめとして、ものを貯えてはならないという戒律に従って、〕自分のものを倉庫にも、瓶《かめ》にも、籠《かご》にも貯蔵していません。〔托鉢によって〕調理が完了したものを求めています。それ故に、修行者たちは、私にとって貴ぶべきものなのです。

（第二八三偈）

彼らは、貨幣も、金も、銀も手に取ることはありません。〔托鉢で得た〕現在の瞬間にあるものによって暮らしています。それ故に、修行者たちは、私にとって貴ぶべきものなのです。

（第二八四偈）

これは、最初期の教団の実態を知る上でも貴重な資料と言えよう。

ところが、釈尊滅後、教団は権威主義化する。二八三偈と二八四偈に記録されていたことは、なし崩しになってしまう。巨額の布施や、広大な荘園《しょうえん》の寄進を受けるようになり、「出家者はお金に手を触れてはならない」という戒律は守っているが、財産管理人をやとって、利子をとって貸付を行なうという抜け道を考え出し、荘園を小作人に貸して、作物を納めさせ、食糧の貯蔵もするようになるという変貌を遂げる。それを正当化するために、釈尊が語ったようにして、

僧伽《そうぎや》（教団）のためには利潤を求むべし。

（『根本説一切有部毘奈耶《こんぽんせついっさいうぶびなや》』）

といった項目が、出家者の守るべき規則である毘奈耶（律）に書き足されたりした。

釈尊の言いつけをなし崩しにして、教団がこのような変貌を遂げる中で、在家や女性の地位低下も進行していった。それは、釈尊を人間離れしたものに神格化することと表裏一体でなされた。そのように変わり果てた教団のことを後の大乗仏教（マハー・ヤーナ）は、小乗仏教（ヒーナ・ヤーナ）と貶称《へんしょう》したのもうなずけるところである。「ヒーナ」とは、「打ち捨てられた」「劣った」「粗末な」という意味である。

原始仏典のなかには、「まのあたり、即時に果報をもたらす」「まのあたり体得されるこの安らぎ」「まのあたり即時に実現され、時を要しない法」「即時に効果の見られる、時を要しない法」（『スッタニパータ』）といった言葉がたくさん出てくる。ところが小乗仏教の時代になると、「歴劫修行《りゃっこうしゅぎょう》」といって、釈尊は何度も何度も生まれ変わり、三阿《あ》僧祇《そうぎ》劫《こう》（＝3×10^{59}×10^{24}年＝3×10^{83}年）などという天文学的な時間（劫《こう》）をかけて、段階的に上りつめてやっとブッダになったとされた。その結果、「釈尊以外は、ブッダにはなれない」ことにされ、「男性出家者ですらブッダにはなれないが、阿羅漢にはなれる。しかし、在家は阿羅漢にすらなることができないし、女性は穢れていて成仏できない」として、在家や女性は差別されていった。

原始仏典で、釈尊は「私は一人の人間である」「皆さん同様、一人の修行者である」「私は皆さんの善知識（善き友）である」と語っていた。弟子たちも「ゴータマさん」「君よ」「真の人間である目覚めた人」と呼びかけていた。

ところが、カシュミールやガンダーラを中心に栄えていた小乗仏教を代表する説一切有部は、「私は人間なんかではない。ブッダである」「神々を超えたもの」「神々の神」という言葉にすり替えた。

『テーリー・ガーター』『テーラ・ガーター』を読むと、仏弟子たちが、気楽に「ゴータマさん」、あるいは尊称なしで「ゴータマよ」と呼びかけている。それは、最古の経典である『スッタニパータ』でも同じである。

例えば、ヴァーシッティーという尼僧は、『テーリー・ガーター』で次のように語っている。

私は、自分の心を取り戻した後で、敬礼し、〔ブッダに〕近づき〔坐り〕ました。そのゴータマ〔・ブッダ〕は慈しんで私のために真理の教え（法）を説かれました。

（第一三六偈）

また、既に述べたように、『サンユッタ・ニカーヤ』第一巻には次の言葉が何度も出てくる。

素晴らしい。君、ゴータマさんよ。素晴らしい。君、ゴータマさんよ。あたかも、君、ゴータマさんよ、倒れたものを起こすように、あるいは覆われたものを開いてやるように、あるいは〔道に〕迷ったものに道を示すように、あるいは暗闇に油の燈《とも》し火をかかげて眼ある人が色や形を見るように、そのように君、ゴータマさんはいろいろな手立てによって法（真理）を明らかにされました。
（一六一頁）

この言葉は、『スッタニパータ』にも頻出する。歴史上の人物としての釈尊は、「君よ」「ゴータマさんよ」「ゴータマよ」と呼ばれても意に介することはなかった。釈尊は傲慢《ごうまん》ではなかったのだ。それは、既に述べたように、「一人の人間」「善知識」という自覚が釈尊自身にあったからだ。権威主義的な考えは、本来の仏教とは無縁のものであった。ここでも釈尊自身が、他の修行者と同じ資格における修行者の一人であったことが確認される。

ところが、説一切有部の編纂した論書『阿毘達磨大毘婆沙論《あびだつまだいびばしゃろん》』では、釈尊が語ったことにして、「私を具寿《ぐじゅ》（尊者）とか、ゴータマなどと姓名で呼ぶのはもってのほかだ」とされた。そして、

私を具寿やゴータマなどと呼ぶ輩《やから》は、道理にかなわないことになって長い間、激しい苦しみを受けるであろう。

	男性		女性	
	出家	在家	出家	在家
原始仏教	sāvaka	sāvaka	sāvikā	sāvikā
小乗仏教	śrāvaka	——	——	——

という脅し文句まで用いられるようになった。釈尊滅後、約百年経つと、そういう時代になった。それは、小乗仏教の保守・権威主義的な男性中心、出家者中心という考えの下で推進された。極めて普遍的な平等思想や少欲知足の考えが説かれていたにもかかわらず、釈尊が入滅するのを待っていたと言わんばかりに、釈尊の教えを改竄したり、釈尊の言葉を捏造《ねつぞう》したりして、利権追求を正当化し、権威主義化にひた走る人たちが現われた。この事実は、歴史的教訓としていくべきであろう。

原始仏典において仏教徒は、在家や出家、男性や女性の区別なく、「仏の教え（声）を聞く人」（声聞《しょうもん》）、すなわち「仏弟子」と呼ばれ、在家者や女性といえども、決して軽んじられていなかった。けれども、小乗仏教では在家や女性が仏弟子から排除された。

「仏弟子」は、パーリ語でsāvakaと言う。これは、「聞く」という意味の動詞の語根√suにakaという語尾を付けて造られた行為者名詞で「聞く人（男性）」を意味する。その女性形は、√suにikāを付けたsāvikāで「聞く人（女性）」を意味する。両者は、「声聞」と漢訳された。

釈尊の教えは、釈尊の指示でめいめいの地域の言葉（方言）で語られていたが、小乗仏教で最有力の説一切有部は、いち早くサンスクリット語を用いた。パーリ語の sāvaka は、サンスクリット語の śrāvaka（<√śru + aka）に置き替えられた。それでは、女性の場合はどうなったのか。サンスクリット文法の造語法によれば、その女性形は√śru に ikā を付けて śrāvikā を造ることができる。ところが、小乗仏教の仏典にその語は出てこない。サンスクリットの辞典にも出てこない。śrāvikā が使用された形跡はないのだ。

前頁の【表】のように、小乗仏教で在家と女性は「仏弟子」とされなくなった。仏弟子、すなわち声聞は、男性出家者に限られた。従って、大乗仏典に出てくる「声聞」は、小乗仏教の男性出家者のことになり、独覚《どっかく》（縁覚《えんがく》）とともに、二乗《にじょう》と呼ばれて「永遠に成仏できないもの」（永不成仏《ようふじょうぶつ》）、「二乗不作仏《にじょうふさぶつ》」と批判された。

『マッジマ・ニカーヤ』に挙げられていた仏弟子の代表的人物も、既に述べたように、小乗仏教では在家や女性がすべて削除され、男性出家者のみの「十大弟子」に限定されてしまった。

女性の出家に際する「八つの条件」への疑問

男性出家者中心主義が顕著になる中で、女性の出家に際しての「八つの条件」（八重法、八敬法）も取り沙汰《ざた》された。その中では次の第一、第七、第八項の三つが問題となる。

①受戒して百年の女性修行者であっても、受戒したばかりの男性修行者には起《た》って敬礼し、合掌して恭敬すべきである。
⑦女性修行者は、男性修行者を謗《そし》ったり、悪口を言ったりしてはならない。
⑧女性修行者が男性修行者に対して公に訓誡することは差し障りがある。

いずれも、男性修行者の優位が前提になっている。ところが、メガステネースの記録には、女性出家者が男性出家者と対等に難解なことを議論しているとあった。男性が、難解な教義について智慧第一や、説法第一の女性出家者に教えを乞い、その答えに感動したということも原始仏典にあった。そうなると、「八つの条件」を素直に受け入れるわけにはいかない。

この条件は、女性出家者第一号のマハー・パジャーパティーの授戒の際に、釈尊が提示したとされる。彼女は、釈尊に何度も出家を願い出た。釈尊は、躊躇して許可しなかった。アーナンダ（阿難）が事情を聞き、釈尊に女性の出家の許可を求めてやる。それでも釈尊は許可しない。そこで、アーナンダは手を替えて、「女性は阿羅漢に到れないのですか?」と尋ねる。平等観に立つ釈尊は、「女人も、阿羅漢果に到れます」と答えた。その答えを得て、アーナンダは、「では、女性も出家していいのではないでしょうか」と主張し、許可を取り付けた。

「八つの条件」は、以上のことを記述した直後に列挙されている。そして、「八つの条件」を挙げた後に続けて「女人が出家するに至った。正法は五百年存続するはずだったのに、五百年は持たないだろう」という言葉が続いている。これは、ほかの経典では、「千年存続するはずだったのに、千年は持ちこたえられないだろう」といった表現になっている。この違いは、釈尊滅後五百年以前に書かれたものと、五百年以後に編纂されたものとの違いによるのであろう。五百年経ってない時点では、「五百年は持たないだろう」と書いた。ところが、無事に持ちこたえてしまった。そこで、「千年は持たないだろう」と改めた。そのような操作がここから読み取れる。同様に、「八つの条件」を付け加えて、「女性を出家させたのは、釈尊の本意ではなかったことにしよう」という意図も見えてくる。

「八つの条件」と正法の五百年不存続説は、マハー・パジャーパティーの出家の場面に記されている。しかし、原始仏典に描かれた尼僧たちの出家の場面を見ると、「八つの条件」や、正法の五百年不存続説、千年不存続説とは無縁である。『テーリー・ガーター』『テーラ・ガーター』では、女性も男性も全く同じ表現で「『いらっしゃい（ehi）、〇〇よ』と、ブッダが言われました。それが、私の受戒でした」と自らの受戒について述懐しているが、どこにも「八つの条件」なんて出てこない。

釈尊は、人々を仏教教団に受け入れる授戒の際に、男性であれ、女性であれ、身分を問わず、「いらっしゃい」と言うだけだった。初期の授戒の儀式は、それがすべてであり、極めて簡単素朴で、「八つの条件」のような面倒くさいことは言われていなかった。

　ところが、梶山雄一博士（一九二五～二〇〇四）は、この「八つの条件」が歴史上の人物である釈尊自身によって説かれたという前提に立ち、この「八つの条件」があったから、女性たちが軽視されるようになったと言われていた（『空の思想』一九二～二二五頁）。筆者は、それは逆だと考える。女性を低く見ることを正当化するために、「八つの条件」を創作して付加したのである。しかも、釈尊が提示し、それをマハー・パジャーパティーが受諾するという形を取っている。教団創始者と、女性教団の最高権威を登場させることで、これ以上にない権威を持たせるという手の込みようである。

　このような、小乗仏教の女性軽視が進行するなかで紀元前二世紀ごろに「三従《さんじゅう》」説が、紀元前一世紀ごろに「五障《ごしょう》」説が登場する。「三従」説は中国の孔子《こうし》（前五五一～前四七九）も説いているが、インドのバラモン教の法律書『マヌ法典』にも記されている。その内容は、「女は、子どもの時には親に従え、結婚したら夫に従え、老いたら息子に従え」というものだ。『マヌ法典』には、これに続けて、「女は自立するに値しない。それは家の中のこと（家事）でさえもである」とある。「はしがき」に書いたように、『シンガーラへの教え』で説かれた夫が妻に奉仕すべきことの一つとして、「妻に自立（主権）を認めよ」があったことを見ると、釈尊の平等思想がいかに画期的であったかが分かる。

　ところが前一世紀ごろ、小乗仏教の「五障」説によって、女性は、①梵天王《ぼんてんのう》、②帝釈《たいしゃく》天、③魔王、④転輪聖王《てんりんじょうおう》、⑤仏身――の五つになれないとされ、女性は穢れていて成仏できないと決めつけられてしまった。

釈尊自身が、女性も阿羅漢に到れると保証していたし、『テーリー・ガーター』では多くの尼僧たちが、「ブッダの教えをなし遂げました」「解脱しました」と語り、みんな覚っていたにもかかわらず、小乗仏教では真逆のことが主張されるようになったのだ。

「変成男子」が主張された仏教内外の事情

このように、小乗仏教の時代に女性たちは大変に差別された。それに対して、紀元前後に大乗仏教が興る。彼らの目指したことの一つに女性の地位向上が挙げられる。それは種々の角度から展開されたが、その一つに「変成男子《へんじょうなんし》」（転女成男《てんにょじょうなん》ともいう）がある。

一九九〇年代になって、この「変成男子」に対して疑問を抱き、批判する人たちが現われた。いったん女身から男身に変じて成仏したということは、「最終的に仏に成ると言っているとはいえ、結局、女性という在り方を蔑視していることになるのではないか？」という疑問であり、「女性の性を否定し、男性の性への一元化を図るものだ」という批判である。

果たして女身を転じて男身となってしか成仏できなかったのであろうか？「変成男子」（変じて男子と成ること）が、女性の成仏にとって絶対的に不可欠の要件であったのであろうか？　それを考えるには、これまで論じてきたように、女性の平等を訴える大乗仏教運動の背景に大きくヒンドゥー社会の女性観があり、大乗仏教の徒は、そうした状況下で緊張感を持って女性の成仏を訴えていかなければならなかったということを考えなければならないであろう。

　そこでまず考えられるのは、本来は大乗仏教の中心思想ではない「変成男子」説によって、小乗の教団や、ヒンドゥー社会からの非難攻撃を避け、その鋒尖《ほこさき》をかわそうとしたのではないかということである。『法華経』の常不軽品《じょうふきょうぼん》には男女の別なく、在家も出家も、「だれでも如来になれる」と訴え続けた常不軽菩薩に対して、増上慢の比丘《びく》・比丘尼《びくに》・優《う》婆塞《ばそく》・優婆夷《うばい》の四衆《ししゅ》、すなわち出家の男女と、在家の男女たちが悪口罵詈《あっくめり》し、棒や土塊《つちくれ》などで迫害したとあるし、勧持品《かんじほん》にも皆成仏道《かいじょうぶつどう》を説く『法華経』を弘通《ぐつう》する人は、もろもろの難を被《こうむ》るということが記されている。ましてや、女性蔑視のヒンドゥー社会において女性が女性のままで成仏できると説くことは、さらに激しい抵抗が予想されたことであろう。

　また、大乗仏教運動を主体的に担った人たちとして、在家の存在を無視することはできない。それは、出家者たちの閉じた社会と違い、真っ向からヒンドゥー教的な考え方と日常的に接触している人たちであった。女性の成仏をダイレクトに訴えることは、相当の抵抗があったことだろう。それだからこそ、ある程度の妥協的表現もなされたと考えることができる。

歴史的に見ても、バラモン教の学者たちは、仏教の説く平等思想に対して「カースト制度という階級制度を否定するものであり、社会秩序を混乱させるもの」だとして、激しく仏教を非難するに及んでいる。また、平等思想を説く仏教徒は異端者と見なされるにも至っている（中村元著『原始仏教の社会思想』九六頁）。男女の平等を主張するに当たっても、相当の抵抗があったであろう。中村元博士も、こうした事情について次のように論じておられる。

婦人蔑視の観念に真正面から反対していることもあるが、ある場合には一応それに妥協して実質的に婦人にも男子と同様に救いが授けられるということを明らかにしている場合がある。そのために成立したのが「男子に生まれかわる」（転成男子）という思想である。（『原始仏教の生活倫理』二三五頁）

以上は、仏教外の事情を見たものであるが、仏教内の事情については、次のナーガールジュナ（龍樹）の著作とされる『大智度論《だいちどろん》』に述べられている。現代語訳して引用しよう。

経典に、「女性には五つの障《さわ》り（五障）があり、帝釈天、梵天王、魔王、転輪聖王、仏の五つになれない」とある。それを聞いて女性たちは、心を退かせ、覚りを求める心を発《おこ》さなくなった。説法する人がいても、女性に仏道を説こうともしない。そこで仏は、「女性も仏となることができる。それは、女身を転じて男身となることによってである」と説かれた。

（大正蔵、巻二五、四五九頁上）

これは、もちろん歴史上の人物である釈尊の言葉ではなく、釈尊に仮託して述べられたものである。ここから、次のことが読み取れる。釈尊の滅後、女性の「五障」を説く経典が作られた。そのため、女性はやる気がなくなった。また女性は相手にされなくなった。そこで、女性のために何とかしようとして「変成男子」が説かれた――ということだ。なぜ変成男子を言わなければならなかったのか、どうしてそういう言い方をしたのか、こうした仏教内外の事情や、時代背景を抜きにして、女性が男性になって成仏したという一面だけを見て、女性差別だと非難するのはいかがなものかと思う。

「変成男子」の意味すること

『法華経』の変成男子は、次の文脈に出てくる。『法華経』を説き終えて、海の底の龍宮から帰ってきたマンジュシリー（文殊師利《もんじゅしり》）菩薩に、智積《ちしやく》菩薩が「この深遠な『法華経』を、覚った人はいますか？」と尋ねる。それに対して、マンジュシリー菩薩は、八歳の龍女《りゆうにょ》を代表例として挙げ、次のように答えた。

その娘は、生まれて八年で、大いなる智慧を具《そな》え、研ぎ澄まされた能力を持ち、智に基づいた身体と言葉と心の行ない（身口意《しんくい》の三業《さんごう》）を具えており、あらゆる如来が説かれた象徴的表現の意味を会得していて、ダーラニーを得ており、あらゆる事物や衆生に対して精神集中する幾千もの三昧《さんまい》を一瞬にして獲得しているのだ。サーガラ龍王の娘は、覚りを求める心において不退転であり、広大なる請願を持ち、一切衆生に対して自分のことのように愛情を抱いており、さらに徳性を生み出すことができる。それらを欠いていることはないのだ。サーガラ龍王の娘は、顔に微笑《ほほえ》みを浮かべ、青蓮華《しょうれんげ》のように最高の美しい容色を具え、慈愛に満ちた心を持ち、慈しみの言葉を語るのだ。そのサーガラ龍王の娘は、正しく完全な覚りを得ることができるのだ。

（植木訳『サンスクリット原典現代語訳　法華経』下巻、二九頁）

ここには、ブッダとなるために不可欠なものが列挙されている。マンジュシリーは、それらのすべてを龍女が具えていると語る。なかんずく「覚りを求める心において不退転」に到っているというのだ。ということは、「覚りを求める心を発《おこ》す人」が菩薩であるのだから、不退転の菩薩に到っていることになり、成仏は時間の問題にすぎないことになる。

ところが、これに対して智積菩薩が、次のような疑問を投げかける。

私が、世尊であるシャーキャムニ如来を見るに、シャーキャムニ如来は、幾千という多くの劫《こう》にわたって菩薩であり、覚りを求める意志が熱心で、多くの善行をなし、また、いかなる時にも決して努力精進《しょうじん》を緩められるようなことはありませんでした。三千大千世界において、このシャーキャムニ如来が衆生の幸福のために身を投じなかった場所は、地上には芥子《けし》の実ほどの広さでさえも決して存在しません。シャーキャムニ如来は、このように努力精進をしてその後に、覚りを得られたのです。

それに比べて、このサーガラ龍王の娘が、一瞬のうちにこの上ない正しく完全な覚りを得ることができるということを、いったい誰が信ずるでしょうか？　(同、三〇頁)

これは、釈尊でさえ長大な時間をかけて困難な修行をひるむことなく行なった結果、覚りを得ることができたのであって、幼い少女が一瞬にして覚りを得ることなど信じられないというのである。それは、小乗仏教の女性観と成仏観を反映したものであった。ここには、前に触れた歴劫修行の考えが持ち出されている。

そこへ、智積菩薩の言葉が終わらないうちに、龍女が登場し、詩によって宣言する。

私にとって完全なる覚りは思うがままであり、その際、私の証人は如来であります。私は、衆生を苦しみから解き放つ広大な法を説きましょう。　(同、三一頁)

それに対して、今度はシャーリプトラ（パーリ語でサーリプッタ）が難癖をつける。

良家の娘よ、あなたが、覚りのために全き心を発《おこ》し、退転することもなく、無量の智慧を具えているとしても、それでも正しく完全に覚った位は得難いのである。良家の娘よ、一人の女性がいて、努力精進をゆるがせにしないで、幾百もの多くの劫にわたって、また幾千もの多くの劫にわたって諸々の善行をなし、六種類の完成（六波羅《ろくはら》蜜《みつ》）を成就したとしても、今日までブッダの位に達したことはないのだ。

（同、三一頁）

智積菩薩の非難は、釈尊ですらあれほどの難行苦行を長い間なしたのだから、あなたが一瞬にしてブッダになれるなんて信じられないというもので、智慧があり、才能に恵まれ、難行苦行を長期間やりさえすれば、可能ではあるが……という余地を残していた。ところがシャーリプトラは、女性がどんなに優秀で、才能に恵まれ、不退転に到っていようとも、いくら努力精進したとしても、女性であるというだけでブッダの位に達することはできないし、今日までだれも到達したものはいないと主張して、その余地さえ否定し去っている。それに続けて、シャーリプトラは、①ブラフマー神（梵天）の位、②インドラ神（帝釈天）の位、③大王の位（異本では魔王の位）、④転輪王の位、⑤不退転の菩薩の位（異本では仏の位）――という女性のなれない五つのもの（五障）を挙げて、龍女を難詰する。

ここで、シャーリプトラは小乗仏教の立場を代弁している。小乗仏教では、男しか成仏できないし、成仏したら三十二相が具わると考えていた。三十二相の中には陰馬蔵相《おんめぞうそう》（男根が体の内部に隠れている）というものがあって、それ自体が男性でなければならないことを意味している。そこまで言われたものだから、「じゃあ、男になって成仏し、三十二相も具えてみせましょう」と言わんばかりに、変成男子という目に見える姿で示してみせた。

ところが、この前後関係をよく見ると、マンジュシリーの言葉では、既に龍女が不退転の菩薩に到っていると語られていた。龍女自身も「私の覚りは自由自在である」と言っていた。それに対してシャーリプトラは、不退転であっても女であること自体で成仏はあり得ないのだと言い張る。このやり取りを繰り返しても、水掛け論になるだけである。そんな時は、「じゃあ、どうしたら私の成仏を信じてくれるの？」「では、あなたたちが信じているやり方で成仏してみせましょう」と言うしかない。そうなると、女性がいったん男になるということは、女性の成仏にとって絶対的に必要不可欠の条件ではなくなる。女性の成仏を頑《かたく》なに信じようとしないシャーリプトラたちを説得するための手段にすぎない。

その証拠に、龍女が「変成男子」して、「三十二相」を身に現わして成仏の姿を示すと、この話は、

〝智慧の集積を持つもの〟（智積）という偉大な人である菩薩と、尊者シャーリプトラ（舎利弗）は沈黙してしまった。

（植木訳『サンスクリット原典現代語訳　法華経』下巻、二三三頁）

で結ばれる。智積も長老シャーリプトラも信じざるを得なくなったということだ。従って、龍女の変成男子は、「女性の性を否定し、男性の性への一元化を図るものだ」とする批判は、適切ではないといえよう。

ところが、菅野博史博士は、『法華経入門』において、「龍女の変成男子、即ち女性が男性に変身してから成仏するという女性に対する差別と同様、時代思潮の制約から完全には自由になっていない限界のあることを感じる」（六八頁）と論じておられる。菅野博士は、変成男子が『法華経』に説かれていること自体を「女性に対する差別」であり、「時代思潮の制約から完全には自由になっていない限界」とされている。それは、誤解ではないだろうか。『法華経』はむしろ、小乗仏教の「女性に対する差別」と、「時代思潮の制約から完全には自由になっていない限界」に対して、アンチテーゼを突きつけていたのである。『法華経』では、龍女以外の場合は、女性のマハー・パジャーパティーと、ヤショーダラー、およびその二人の侍者たちにも授記がなされ、変成男子することなく、成仏することが明かされている。

仏教のジェンダー平等思想の再考を

最後に、一九九〇年代に提示された「男女の性差は空《くう》であって、実体はない」という考えに対する批判について検討しよう。例えば、それは『維摩経《ゆいまきよう》』で「一切の諸法は男に非ず、女に非ず」―（植木訳『梵漢和対照・現代語訳 維摩経』三一〇頁）と表現されている。ところが、この部分だけをとらえて、「男女の性差を無視するものだ」という批判があった。「男女の性差は空」というこのストーリーの前後関係をよく読むと、話が変わってくる。ところが、小乗仏教の女性観にとらわれた声聞が、男か女かという二元論の立場で男性優位を主張した後だということを見逃してはならない。

この『維摩経』の用いる空の論理は、男女の性差に目をつぶらせるためではなく、男と女の違いにとらわれて二元相対的な論理の中で議論して、水掛け論に陥ることの不毛さを指摘するために説かれている。しかも、空の論理が説かれて話は終わっていない。その後には必ず、男か女かという二元論としての問題よりも、男女の性差を超えて人間として何をなすのか、その人の人間としての行ないはどうであるのかということこそが重要だ――と主張されている。

これは、次の原始仏典の趣旨と全く同じである。

生まれによって賤しくなるのでも、高貴なものとなるのでもない。行ないによって賤しくもなり、行ないによって高貴なものともなるのである。

（『スッタニパータ』一三三頁）

生まれを尋ねてはいけない。行ないを尋ねよ。火は実に木片から生じる。賤しい家柄〔の出〕であっても、堅固《けんご》で、慚愧《ざんき》の念で自らを戒めている賢者は、よき生まれ〔すなわち高貴〕の人となるのである。

（『サンユッタ・ニカーヤⅠ』一六八頁）

ここで言う「生まれ」は、カースト制度の身分の違いのことであろうが、男女という生まれの違いも含めることができよう。このように、人の貴賤は、釈尊在世の原始仏教の時代から一貫して「生まれ」ではなく、「行ない」によって論ずるべきだとされてきた。この『維摩経』も、「男か女か」という二元相対的な議論の不毛さを「空」の論理によって示した上で、「男か女か」ということよりも「人間としての行ない」という普遍的次元から平等論を展開していたのだ。

『スッタニパータ』の、

他の生類の間にあるような、生まれにもとづく特徴〔の区別〕は〔人間同士において は〕決して存在しない。身体を有する〔異なる生き〕ものの間ではそれぞれ区別があるが、人間〔同士〕の間ではこれ〔区別〕は存在しない。名称〔言葉〕によって、人間の間で差別が〔存在すると〕説かれるのみである。

という一節を通して、釈尊が男女の違いを乗り越えた人間としてのジェンダー平等の視点を持っていたことを既に論じたが、それと通ずるものである。この点からも、大乗仏教が「釈尊の原始仏教に還る」運動であったことを読み取ることができよう。

また、インドにおいて女性に生まれることは、極めてマイナスなことだった。ところが、大乗仏典に登場する女性たちは、そのマイナスの条件を自ら主体的に受け止め、「女性として生まれたからこそ、世の中の女性たちの苦しみが理解できる。理解できるからこそ、その人たちを救っていくことができるのだ」と、マイナスの条件を他者救済の原動力に転じた。

こうした運動の賜物《たまもの》か、大乗仏典の編纂で長い間テーマにされていた「変成男子」も、四世紀ごろ成立する中期大乗仏典では、論じられる必要もなくなった。『勝鬘経《しょうまんぎょう》』では、在家の女性であるシュリーマーラー〔勝鬘〕夫人が法を説き、それを釈尊が認可するという形式を取っている。変成男子には全く言及されていない。大乗仏教の女性の地位回復運動は、そこにまで至った。

このように、仏教の男女平等思想を見てくると、せっかく、すぐれた平等思想が原始仏教や、『法華経』をはじめとする大乗仏典によって提唱されていたにもかかわらず、その後のインド、中国、日本では、ほとんど認識されることもなく、生かされることもなく今日に至っている[22]。タゴールは、徹底した平等思想を説いた仏教が、「二一世紀に重要な思想になるでしょう」と語っていたが（拙著『仏教、本当の教え』第一章参照）、仏教のジェンダー平等思想も再考されるべきであろう。

また、一部の日本仏教に見られる女性差別は、歴史的人物としての釈尊のなまの言葉に近い原始仏典に説かれた男女平等の思想に立ち返って改善することが求められよう。

注

（1）リス・デヴィッズ夫人は、マンチェスター大学などでパーリ語やインド哲学を講じた。裁判官から仏教学者に転身し、一八八一年に「パーリ聖典協会」（The Pali Text Society）を創立したリス・デヴィッズ氏の良き伴侶であったばかりでなく、パーリ語テキストの校訂や、著作をはじめ、パーリ経典からの英訳を多数発表。その中で一九〇九年に出版された『初期仏教徒の詩』（*Psalms of the Early Buddhists*）は、パーリ語の『テーリー・ガーター』、および『テーラ・ガーター』の英訳である。その前者が『女性修行者の詩』（*Psalms of the Sisters*）であり、後者が『男性修行者の詩』（*Psalms of the Brethren*）である。

（2）紀元前三世紀ごろ、当時のインドに伝わっていた伝説を基にして仏教的内容を盛り込んで作られた物語で、「本生《ほんじょう》」と漢訳された。釈尊が前世において、菩薩として多くの生きものを救ったという薩《さっ》埵《た》王子、尸毘《しび》王、雪山《せっせん》童子の捨身《しゃしん》供養の話などが有名である。

（3）阿羅漢は、ブッダの十種類の別称（十号《じゅうごう》）の一つで、当初はブッダと同格であったが、小乗仏教では、ブッダに到れるのは釈尊のみで、男性出家者ですらブッダにはなれないが、阿羅漢にはなれるとして、阿羅漢をブッダよりも格下げした。在家は、阿羅漢にすら到れないし（在家非阿羅漢論）、女性は穢《けが》れていて成仏できないとされた（女人不成仏）。ちなみに十号とは、①如来《にょらい》（真理を体現した人）、②阿羅漢《あらかん》（尊敬されるべき人）、③明行足《みょうぎょうそく》（学識と行ないを完成した人）、④善逝《ぜんぜい》（人格を完成した人）、⑤世間解《せけんげ》（世の中のことをよく知る人）、⑥無上士《むじょうし》（人間として最高の人）、⑦調御丈夫《じょうごじょうぶ》（調練されるべき人の御者）、⑧天人師《てんにんし》（神々と人間の教師）、⑨正遍知《しょうへんち》（正しく完全に覚った人）、⑩仏世尊《ぶっせそん》（目覚めた人で世に尊敬されるべき人）――のことである。

（4）『サンユッタ・ニカーヤ』（*Samyutta-nikāya*）とは、samyutta が「結び合わせられた」、nikāya が「集まり」という意味で、「主題ごとにまとめられた教えの集大成」を意味する。中村元博士によると、「なかでも第一集は、とくに古い教えの集成である。すなわち、最初の第一集、つまり詩を多く含んでいる部分は非常に古い」（『原始仏教の社会思想』六三七頁）もので、古さにおいては『スッタニパータ』の若干部分と並ぶものであるという。二千八百七十五もの短い経典を含み、それらが教理上の問題と結びつけて集められ、神、人間、悪魔、教理上の観念などといった視点で多数の韻文が、散文の説明とともに項目ごとにまとめられている。

（5）サンスクリット語では「島」は dvīpa、「燈明」は dīpa と異なっているが、パーリ語では「島」も「燈明」も dīpa と同じである。このために、「自燈明《じとうみょう》」「法燈明《ほうとうみょう》」とも訳された。けれども、原文に「住せよ」（vihāratha）という語があることを考慮すれば、「燈明」よりも「島」と解釈すべきで、「自帰依」「法帰依」と訳したほうがいいであろう。仏典における「島」「洲」の意味は、インドの大洪水という事情を考えなければ理解できない。インドの洪水は、見渡す限りの平野が一面水浸しになるのであり、そこに小高い丘のようなものがあれば、洪水の時にはそれが「島」「洲」となって、身の安泰を確保することができる。そういう意味での「依り所」を「島」「洲」という言葉は表わしている。

（6）釈尊のいとこで十大弟子の一人。アーナンダ（Ānanda）を音写したもので、阿難陀とも書かれる。侍者として二十五年にわたって釈尊に仕え、説法を直接聴聞することが最も多かったので、多聞第一と呼ばれた。このため、釈尊滅後、王舎城で行なわれた第一回仏典結集《けつじゅう》では、釈尊の教えを集大成するのに重要な役割を果たした。

（7）『六波羅蜜経』は、現在知り得る最古の大乗経典だが現存しない。『大智度論』（大正蔵、巻二五、三〇八頁上、三九四頁中）に代表的な大乗経典の一つとして名前が挙げられている。

（8）日蓮は、『法華経』に登場する宝塔が、金・銀・瑠璃などの七宝で飾られているということについて、

「七宝とは聞《もん》・信《しん》・戒《かい》・定《じょう》・進《しん》・捨《しゃ》・慚《ざん》なり」

と言い換えている。七宝とは本来、七種の貴金属や宝石のことであり、浄土教系諸経典や『法華経』などの大乗経典で仏国土・極楽浄土の描写に用いられた。日蓮は、それを、①正法を聞くこと、②正法を信ずること、③戒を持する、すなわち身と口と意による悪を止め善を修すること、④心の乱れを

防ぎ安らかであること、⑤努力精進すること、⑥偏見を持たず平等にものごとを見ること、⑦自己を反省し恥ずかしく思うこと——と解釈し直した。これらの項目は、筆者には「人間らしくあるための七つの条件」として列挙されているように見える。「七宝」は人の外側を飾り、外側から輝かせるものだが、日蓮の言う「七宝」は内面から人間を輝かせるものであり、高貴の人となり、人間らしくあるための七つの条件という意味で使っているように見受けられるからだ。その中に、この「慚」が入っていることは注目すべきことである。

(9)釈迦族に仕えた理髪師。十大弟子の一人で、戒律を厳守することに最も勝れていたので持律《じりつ》第一と言われた。釈尊の滅後、釈尊の説法や戒律を集大成する第一回仏典結集の際に、アーナンダが釈尊の説いた教えの結集の中心人物であったのに対して、ウパーリは戒律の結集の中心人物となった。

(10)「刹土」は、「国土」「領土」を意味するサンスクリット語のkṣetraを音写した「刹」と、漢訳した「土」とを合わせたもの。その刹土の千個を「小千刹土」、その小千刹土の千個を「中千刹土」、その「中千刹土」の千個を「大千刹土」という。「大千刹土」は、一つの刹土の千倍の千倍の千倍と、「**三**回にわたって**千**倍した結果としての**大千刹土**」という意味で「**三千大千刹土**」という。数学的に言えば、千の三乗個(＝十億個)の刹土ということ。「三千大千世界」とも言う。

(11)ブッダの別称は十個あり、「仏十号」あるいは「如来十号」と言われた。その十号は、①如来(修行を完成した人)、②阿羅漢(尊敬や施しを受けるに値する人)、③正遍知《しょうへんち》(正しく完全に覚った人)、④明《みょう》行足《ぎょうそく》(知と行が完全である人)、⑤善逝《ぜんぜい》(よく覚りに到達した人、人格を完成した人)、⑥世間解《せけんげ》(世間のことをよく知る人)、⑦無上士《むじょうし》(最上の人)、⑧調御丈夫《じょうごじょうぶ》(人々を調える御者)、⑨天人師《てんにんし》(神々と人間の教師)、⑩仏世尊《ぶつせそん》(尊い目覚めた人)——からなる。

(12)アーナンダは、『テーラ・ガーター』の第一〇三九偈から一〇四三偈において、釈尊の入滅(八十歳)間近のころ、「二十五年の間」という具体的な数字を挙げて、「私は学ぶ者であり」、「尊い師のそばに仕えました」と語っている。このことから中村元博士は、アーナンダが侍者になったのは、釈尊が五十五歳、すなわち成道(三十五歳)から二十年経ったころのことで、出家はそれより以前と考えられるとしている。漢訳仏典でも、アーナンダが釈尊に仕えた年数は、『遊行経《ゆぎょうきょう》』と『般泥洹経《はつないおんきょう》』でも「二十五年」「二十余年」とほぼ一致している。そうすると、アーナンダの出家は、釈尊の成道後二十年以内ということは確実であろう。水野弘元《こうげん》博士（一九〇一～二〇〇六）は、『釈尊の生涯』でアーナンダの出家を釈尊の成道から十五年後と見ている。それは、アーナンダが二十歳のころのことで、釈尊の侍者となるのは、五年後の二十五歳ということになる。ところが梶山雄一博士は、『空の思想――仏教における言葉と沈黙』でアーナンダの出家を釈尊の成道から五年後と見ておられる。この時、アーナンダは十歳であって、若すぎることが難点である。従って、本書ではアーナンダの出家を成道から十五年後として議論を進めることにする。

（13）ギリシアとインドとの交渉は、アレクサンダー大王のインド侵略（紀元前三二七年）を機縁として直接に行なわれるようになった。オリエントでギリシア人は、イオーニア人と呼ばれていたが、ペルシア人はそれをヤウナ（Yauna）と発音していた。それを受けて、サンスクリット語でヤヴァナ（Yavana）、パーリ語でヨーナ（Yona）と呼ぶようになった。インドとギリシアとの交流に関しては、次の文献を参照。

中村元著『インドと西洋の思想交流』、中村元選集決定版、第一九巻、春秋社。

前田耕作著『バクトリア王国の興亡』、レグルス文庫、第三文明社。

（14）仏教徒は、ジャイナ教徒やアージーヴィカ教徒が全裸でいることについて、「恥を知らない行為」（hirottappavirahitā）と非難した（『ダンマ・パダ・アッタカター』第一巻、四〇〇頁）。

（15）『法華経』譬喩品では「火宅の譬《たと》え」において、ratha（rathaka、車）によって、①「羊車」（aja-rathaka）、②「鹿車」（mṛga-rathaka）、③「牛車」（go-rathaka）――の三車を表わし、それぞれを yāna（乗り物）を用いて、①「声聞のための乗り物」（śrāvaka-yāna）、②「独覚果に到る乗り物」（praty-eka-buddha-yāna）、③「菩薩のための乗り物」（bodhisattva-yāna）――の三乗（tri-yāna）と対応させている。

（16）法輪は、しばしば武器として説明されているようだが、この譬喩が示すように、法輪は武器ではなく、ニルヴァーナ（安らぎ）へと向かう乗り物（yāna）の車輪をイメージしたものである。武器では、仏教の平和と寛容の思想と相いれないものとなってしまう。中村元博士もこの一節について、「『法輪』というときには、車の車輪を連想していたのである」（『ブッダ　神々との対話』二七一頁）と、述べている。これは、声聞乗、独覚乗、菩薩乗などのように仏の教えを乗り物（yāna）に譬えることとも関係しているのであろう。

(17) サンスクリット語や、パーリ語の仏典が中央アジアに伝えられると、単語の末尾のaの音が脱落するということがしばしば起こったようだ。「修行者の集い」を意味するsaṃghaという語もsaṃghとなり、それが「僧」と音写された。牛が軛《くびき》を付けて荷物を運び、次に休憩するまでに進む距離だとされるyojanaもyojanとなって「由旬《ゆじゅん》」と音写された。

(18) サンスクリット語のnirvāṇaは、「吹く」「吹き消す」という意味の動詞ニル・ヴァー(nir-√vā)の過去受動分詞で、「吹き消された」という意味である。従って、nirvāṇaは、煩悩の炎が吹き消された状態と言える。それは「安らかな境地」ということであり、「涅槃」と音写された。「消える」「消滅する」という意味の動詞ニル・ヴリ（nir-√vṛ）の過去受動分詞nirvṛtaは、「消えた」「消滅した」という意味だが、同じく「涅槃」と漢字で表現された。これらに、「完全な」を意味する接頭辞pariを付けたpari-nirvāṇaとpari-nirvṛtaは、「般涅槃《はつねはん》」と音写された。「般涅槃」は「死」を意味することが大半で、まれに「覚り」を意味する。「涅槃」は「覚り」を意味することが大半で、まれに「死」を意味する。

(19) この話は、『テーリー・ガーター』自体には出てこないが、その第二一三偈から第二二三偈に対する注釈として出てくる。

Dhammapadaṭṭhakathā, vol. II, P.T.S., London, 1906, *pp.* 270–275.

Ibid., vol. III, P.T.S., London, 1906, *pp.* 433–434.

(20) パーリ語、サンスクリット語のいずれもコーサラという。釈尊在世中の十六大国の一つで、首都をサーヴァッティー（舎衛城）と言った。

(21) ここに挙げられた人物は、男性出家者が四十一人に対して、女性出家者が十三人で、約四対一と格差があるように見える。この比率が何を意味するかを考えると、『テーラ・ガーター』と『テーリー・ガーター』に取り上げられた人数もそれぞれ二百六十四人と七十三人（中村元訳『仏弟子の告白』三〇三頁参照）で、これもほぼ四対一となっている。この四対一という比率が、もしも比丘教団と比丘尼教団の人数比を反映したものだと考えられるとすると、教団を構成する人数の比率からいっても、男性出家者と女性出家者の代表的人物が同じ率で平等に選ばれているといえよう。こうしたことからも、仏教の初期段階においては、男女を差別する考えは見られなかったと考えていいのではないだろうか。

(22) 仏教の男女平等思想が生かされてこなかったことについて、筆者は、中国の観音信仰を通して検討したことがある。それについては、拙著『仏教、本当の教え』（一七四〜一八一頁）を参照されたい。

参考文献

【和文・漢文】

M・ヴィンテルニッツ著、中野義照訳『仏教文献』、インド文献史、第三巻、日本印度学会（高野山大学）、和歌山、一九七八年。

植木雅俊著『男性原理と女性原理――仏教は性差別の宗教か?』、中外日報社、京都、一九九六年。

――『仏教のなかの男女観』、岩波書店、東京、二〇〇四年、お茶の水女子大学提出の博士論文。

――『仏教、本当の教え――インド、中国、日本の理解と誤解』、中公新書、中央公論新社、東京、二〇一一年。

――『思想としての法華経』、岩波書店、東京、二〇一二年。

――『仏教学者　中村元――求道のことばと思想』、角川選書、ＫＡＤＯＫＡＷＡ、東京、二〇一四年。

――『人間主義者、ブッダに学ぶ――インド探訪』、学芸みらい社、東京、二〇一六年。

植木雅俊・橋爪大三郎著『ほんとうの法華経』、ちくま新書、筑摩書房、東京、二〇一五年。

植木雅俊訳『梵漢和対照・現代語訳　法華経』上・下巻、岩波書店、東京、二〇〇八年、毎日出版文化賞受賞。

――『梵漢和対照・現代語訳　維摩経』、岩波書店、東京、二〇一一年、パピルス賞受賞。

――『サンスクリット原典現代語訳　法華経』上・下巻、岩波書店、東京、二〇一五年。

梶山雄一著『空の思想――仏教における言葉と沈黙』、人文書院、京都、一九八三年。

梶山雄一・丹治昭義共訳『八千頌般若経Ⅰ・Ⅱ』、大乗仏典・インド編２・３、中央公論社、東京、一九七四年、一九七五年。

菅野博史著『法華経入門』、岩波新書、岩波書店、東京、二〇〇一年。

三枝充悳編『インド仏教人名辞典』、法蔵館、京都、一九八七年。

三枝充悳編『中論――縁起・空・中の思想』上・中・下巻、レグルス文庫、第三文明社、東京、一九八四年。

中村元訳『ブッダの真理のことば・感興のことば』、岩波文庫、岩波書店、東京、一九七八年。

――『ブッダ最後の旅――大パリニッバーナ経――』、岩波文庫、岩波書店、東京、一九八〇年。

――『尼僧の告白――テーリーガーター』、岩波文庫、岩波書店、東京、一九八二年。

――『仏弟子の告白――テーラガーター』、岩波文庫、岩波書店、東京、一九八二年。

――『ブッダのことば――スッタニパータ』、岩波文庫、岩波書店、東京、一九八四年。

――『ブッダ　神々との対話――サンユッタ・ニカーヤⅠ』、岩波文庫、岩波書店、東京、一九八六年。

――『ブッダ　悪魔との対話――サンユッタ・ニカーヤⅡ』、岩波文庫、岩波書店、東京、一九八六年。

中村元著『原始仏典を読む』、岩波書店、東京、一九八五年。

――『日本人の思惟方法』、中村元選集決定版、第三巻、春秋社、東京、一九八九年。

――『思想の自由とジャイナ教』、中村元選集決定版、第一〇巻、春秋社、東京、一九九一年。

――『ゴータマ・ブッダⅠ』、中村元選集決定版、第一一巻、春秋社、東京、一九九二年。

――『ゴータマ・ブッダⅡ』、中村元選集決定版、第一二巻、春秋社、東京、一九九二年。

――『仏弟子の生涯』、中村元選集決定版、第一三巻、春秋社、東京、一九九一年。

――『原始仏教の成立』、中村元選集決定版、第一四巻、春秋社、東京、一九九二年。

――『原始仏教の思想Ⅰ』、中村元選集決定版、第一五巻、春秋社、東京、一九九三年。

――『原始仏教の思想Ⅱ』、中村元選集決定版、第一六巻、春秋社、東京、一九九四年。

――『原始仏教の生活倫理』、中村元選集決定版、第一七巻、春秋社、東京、一九九五年。

――『原始仏教の社会思想』、中村元選集決定版、第一八巻、春秋社、東京、一九九三年。

――『インドと西洋の思想交流』、中村元選集決定版、第一九巻、春秋社、東京、一九九八年。

――『原始仏教から大乗仏教へ』、中村元選集決定版、第二〇巻、春秋社、東京、一九九四年。

――『大乗仏教の思想』、中村元選集決定版、第二一巻、春秋社、東京、一九九五年。

――『自己の探求』、青土社、東京、一九八九年。

中村元・早島鏡正共訳『ミリンダ王の問い』全三巻、東洋文庫、平凡社、東京、一九六三年、一九六四年。

奈良毅・田中嫺玉訳『マハーバーラタ』（上・中・下）、レグルス文庫、第三文明社、東京、一九八三年。

日本仏教学会編『仏教と女性』、平楽寺書店、京都、一九九一年。

前田耕作著『バクトリア王国の興亡』、レグルス文庫、第三文明社、東京、一九九二年。

水野弘元著『釈尊の生涯』、春秋社、東京、一九六〇年。

森本達雄『ヒンドゥー教——インドの聖と俗』、中公新書、中央公論新社、東京、二〇〇三年。


【欧文】

Horner, Isaline Blew, *Women under Primitive Buddhism*, George Routledge, London, 1930; reprinted by Motilal Banarsidass Publishers in Delhi, 1975.
Rhys Davids, C. A. F., *Psalms of the Early Buddhists*, P.T.S., London, 1909.
Ueki, Masatoshi, *Gender Equality in Buddhism*, Asian Thought and Culture series vol. 46, Peter Lang Publ. Inc., New York, 2001.
Wang, Robin (ed.), *Images of Women in Chinese Thought and Culture*, Hackett Publ. Company Inc., Cambridge (Massachusetts), 2003. 筆者と、妻・眞紀子も、中国仏教における女性像という観点から、『四十二章経』『維摩経』『法華経』提婆達多品、同観音品、『血盆経』の英訳と解説を担当。

【サンスクリット・パーリ語】

Aṅguttara-nikāya, vol. I, P.T.S., London, 1885.
Aṅguttara-nikāya, vol. II, P.T.S., London, 1955.
Dhammapada, P.T.S., London, 1994.
Dhammapadaṭṭhakathā, vol. I-III, P.T.S., London, 1906.

Dīgha-nikāya, vol. II, P.T.S., London, 1903.
Jātaka, vol. I, P.T.S., London, 1877.
Mahābhārata, vol. IV, edited by R. N. Dandekar, Bhandarkar Oriental Research Institute, Poona, 1975.
Manu-smṛti, vol. I, III, V, edited by Jayantakrishna Harikrishna Dave, Bharatiya Vidya Bhavan, Bombay, 1972.
Milinda-pañha, P.T.S., London, 1880.
Ṛgveda, Part V-VII, edited by Vishva Bandhu, Vishveshvaranand Vedic Research Institute, Hoshiarpur, 1964.
Saṃyutta-aṭṭhakatā, vol. I, P.T.S., London, 1977.
Saṃyutta-nikāya, vol. I, P.T.S., London, 1884.
Saṃyutta-nikāya, vol. III, P.T.S., London, 1890.
Suttanipāta, P.T.S., London, 1913.
Thera-Therī-Gāthā, P.T.S., London, 1883.
Udānavarga, herausgegeben von Franz Bernhard. 2 Bände, Sanskrit texte aus den Turfan-funden X. Abhandlungen der Akademie der Wissenschaften in Göttingen. Philologisch-Historische Klasse. Dritte Folge, Nr. 54. Göttingen, Vandenhoeck und Ruprecht, 1965.
Vinaya, vol. I, P.T.S., London, 1879.
Vinaya, vol. II, P.T.S., London, 1880.

【辞典・文法書】

三枝充悳編『インド仏教人名辞典』、法蔵館、京都、一九八七年。
中村元著『仏教語大辞典（縮刷版）』、東京書籍、東京、一九八一年。

植木雅俊（うえき・まさとし）
1951年、長崎県島原市生まれ。仏教思想研究家。東京工業大学世界文明センター非常勤講師、NHK文化センター講師を歴任。理学修士（九州大学）。文学修士（東洋大学）。人文科学博士（お茶の水女子大学）。1991年から中村元博士のもとでインド思想・仏教思想、サンスクリット語を学ぶ。『梵漢和対照・現代語訳　法華経』（岩波書店。毎日出版文化賞）、『梵漢和対照・現代語訳　維摩経』（同。パピルス賞）、『仏教、本当の教え』（中公新書）、『仏教学者　中村元』（角川選書）、『ほんとうの法華経』（共著、ちくま新書）、『人間主義者、ブッダに学ぶ』（学芸みらい社）など著書多数。

角川選書588

テーリー・ガーター　尼僧《にそう》たちのいのちの讃歌《さんか》

平成29年7月28日　初版発行
令和6年4月30日　3版発行

著　者／植木雅俊《うえきまさとし》

発行者／山下直久

発　行／株式会社KADOKAWA
〒102-8177　東京都千代田区富士見2-13-3
電話 0570-002-301（ナビダイヤル）

印刷所／株式会社KADOKAWA

製本所／株式会社KADOKAWA

装　丁／片岡忠彦　　帯デザイン／Zapp!

ISBN978-4-04-703617-8 C0315

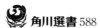

角川選書

この書物を愛する人たちに

詩人科学者寺田寅彦は、銀座通りに林立する高層建築をたとえて「銀座アルプス」と呼んだ。
戦後日本の経済力は、どの都市にも「銀座アルプス」を造成した。
アルプスのなかに書店を求めて、立ち寄ると、高山植物が美しく花ひらくように、書物が飾られている。

印刷技術の発達もあって、書物は美しく化粧され、通りすがりの人々の眼をひきつけている。
しかし、流行を追っての刊行物は、どれも類型的で、個性がない。
歴史という時間の厚みのなかで、流動する時代のすがたや、不易な生命をみつめてきた先輩たちの発言がある。
また静かに明日を語ろうとする現代人の科白がある。これらも、
銀座アルプスのお花畑のなかでは、雑草のようにまぎれ、人知れず開花するしかないのだろうか。
マス・セールの呼び声で、多量に売り出される書物群のなかにあって、
選ばれた時代の英知の書は、ささやかな「座」を占めることは不可能なのだろうか。
マス・セールの時勢に逆行する少数な刊行物であっても、この書物は耳を傾ける人々には、
飽くことなく語りつづけてくれるだろう。私はそういう書物をつぎつぎと発刊したい。
真に書物を愛する読者や、書店の人々の手で、こうした書物はどのように成育し、開花することだろうか。
私のひそかな祈りである。「一粒の麦もし死なずば」という言葉のように、
こうした書物を、銀座アルプスのお花畑のなかで、一雑草であらしめたくない。

一九六八年九月一日　角川源義